케임브리지, 하버드, 스탠퍼드…… 세계 21개 명문대의
심리학, 뇌과학 연구를 바탕으로 한 과학적 법칙

의욕이

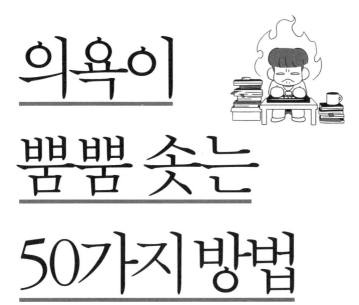

뿜뿜 솟는

50가지 방법

쓰카모토 료 지음 • 박재영 옮김

CONTENTS

시작하며　당신의 불타오를 의욕을 위하여 · 8

일잘러가 되기 위한 자기관리법

1　하루를 시작하는 아침 샤워의 힘 · 22

2　출근 시간이 즐거워지는 중간 목표 · 26

3　월요일 아침, 시간과의 싸움에서 승리하기 · 30

4　간단한 인사가 신뢰와 유대를 쌓는다 · 34

5　확실한 업무 인지를 위한 포스트잇 · 40

6　아침에는 하기 싫거나 내키지 않는 일부터 · 46

7　계획의 장벽을 예상하라 · 50

8　일의 효율은 내용보다 '순서' · 54

9　'안 해도 돼'라고 당당하게 소리쳐라 · 60

10　회의의 부담감은 뻔뻔함으로 극복하자 · 64

11　방법만 알면 의욕은 따라오기 마련이다 · 70

12　방법을 모르면 롤모델을 흉내 내라 · 74

13　가벼운 산책으로 졸음과 이별하기 · 78

14　오후 4시에는 타임 어택으로 일하라 · 82

 PART 2 ── **합격을 위한 의욕 공부법**

1   낮은 목표부터 시작하라 · 88

2   하루에 세 줄만 공부하면 충분하다 · 92

3   책은 언제나 눈에 보이는 곳에 놓을 것 · 98

4   적극적으로 감시관을 만들어라 · 102

5   리드미컬하게 휴식과 공부를 조절하라 · 108

6   공부를 계속하게 하는 '어중간한 끝내기' · 112

7   공부 동력을 유지시키는 적절한 포상 · 116

8   꿈을 시각적으로 형상화하라 · 120

9   긍정적인 징크스를 만드는 의욕 아이템 · 124

10   읽지 않은 책은 언제나 내 곁에 · 128

11   스마트폰은 공부할 때도 최강의 아군이다 · 132

12   고민은 '들어주는' 사람에게 털어놓자 · 136

PART 3 ── 다이어트를 위한 자신과의 대화법

1   구체적인 나의 체형을 상상하라 · 142

2   비슷한 체형의 사람에게 '좋아요' 누르기 · 146

3   몸무게가 하는 말만 듣지 말자 · 150

4   1개월짜리 헬스장은 없다 · 156

5   좋은 운동화와 운동복으로 의욕을 북돋워라 · 160

6   아침 행동을 잘게 쪼개라 · 164

7   일부러 불쾌한 상황을 만들어라 · 168

8   지겨운 러닝머신을 즐거운 시간으로 · 172

9   먹으면 안 되는 음식은 실컷 먹어라 · 176

10   비축은 한밤중 폭식을 부른다 · 180

11   운동을 위한 약속을 잡아라 · 184

12   남의 눈에 노출되는 상황을 일부러 만들어라 · 188

PART 4 — 제대로 쉬기 위한 의욕적 휴식법

1   따뜻한 음료가 가진 긍정적인 힘 · 194

2   손 씻기는 마음의 때도 씻겨 준다 · 198

3   긍정적인 억측으로 운동의 효율성 높이기 · 202

4   짧은 운동으로 확실한 자기효능감 얻기 · 208

5   일상생활 속 새로운 자극과 자연 속 산책 · 212

6   남을 위해 돈을 쓰면 행복해진다 · 216

7   그 옛날 그들의 근황 찾기 · 220

8   응원하는 팀의 경기를 관전하라 · 224

9   블루 먼데이를 피하기 위한 일요일 저녁 약속 · 228

10 위대한 사람의 삶을 여행하는 특별한 즐거움, 독서 · 232

11 긴장 완화와 의욕을 위한 호흡하기 · 236

12 입버릇은 힘이 세다 · 240

끝마치며   의욕이 인생을 바꾼다 · 244

시작하며

당신의

불타오르는

의욕을 위하여

●

영국 케임브리지 대학교 대학원 졸업. 그런 타이틀을 들으면
사람들은 종종 다음과 같은 반응을 보인다.

"머리가 좋으신가 보군요. 분명히 어릴 때부터 공부를 잘했
겠네요?"

그랬으면 좋았겠지만 현실은 아니었다. 초·중학교 시절 모
두 성적은 바닥을 쳤다. 공부만 못하면 다행인데 고등학교에
입학한 후에는 완전히 문제아가 되어 불량한 선배들이나 친
구들과 어울리고는 했다. 부모님까지 학교에 불려 오시는 일
은 일상다반사였고, 결국은 교내에서 동급생과 제대로 싸움
이 붙어 주위에 있던 학생 50명이 말려드는 사건을 일으키고
말았다. 결과는 2주 정학. 때는 고등학교 2학년을 앞둔 2월이
었다.

공부를 잘했다니. 나는 그냥 꼴통이었다.

당시의 사건은 내게 '이대로 가면 정말 큰일 나겠구나'라는

생각을 하게 된 크나큰 계기를 마련해 주었다. 하지만 스스로 바꿀 수 있는 건 공부 정도였다. 그래서 그것부터 시작했다. 공부와는 담쌓고 지내 오던 인간에서 공부하는 인간으로 변하기로 했다. 또 이왕이면 자신이 달라졌다는 사실을 누구나 알 수 있도록 결과로 증명하고 싶었다. 그건 명문대에 합격하는 것이었다.

일본 교토에서 태어나고 자란 내게 최고 명문대학은 교토 대학교였다. 그래서 그곳을 목표로 하고 싶었지만 문턱이 너무도 높았고 내게는 불가능한 목표라고 판단했다. 일본에서 국립대학교에 들어가려면 센터시험(우리나라의 수능과 비슷하며 2020년부터 대학입학공통시험으로 명칭 및 문제 형식 등이 바뀌었다—옮긴이)에 합격해야 하는데 그 시험에는 수학이 포함되어 있었기 때문이다. 맞다. 당신이 아는 바로 그 수학 말이다.

그래서 목표 범위를 사립대학교로 좁혀서 이것저것 알아보기 시작했다. 그 결과 간사이 대학교, 간사이가쿠인 대학교, 리쓰메이칸 대학교와 어깨를 나란히 하는 간사이 지역 최고의 사립대인 도시샤 대학교를 1지망으로 하기로 마음먹었다. 하지만 고등학교 2학년이 끝난 시점 나의 편차치(학력 표준점수—옮긴이)는 30점대였다. 도시샤 대학교의 당시 편차치 커트라인은 문과의 경우 63~65점 정도였기에, 합격하려면 일

년 안에 편차치를 30점 이상 올려야 했다.

결론적으로, 나는 도시샤 대학교에 한 번에 합격했다. 졸업 후에는 외국에 있는 대학원에 진학하고 싶어 영국으로 유학을 떠났고, 케임브리지 대학교 대학원을 졸업함으로써 유학 생활을 성공적으로 마무리할 수 있었다.

의욕에 의지력은 필요 없다

"정말로 엄청난 노력가군요."

이런 경험을 입에 담으면 곧잘 듣는 말이다. 노력가라고 하면 왠지 정신적으로 강인한 사람이라는 느낌이 든다. 의지가 강해서 어떤 일도 이를 악물고 힘내며 근성으로 극복한다는 이미지가 떠오른다. 아무리 생각해도 나와는 거리가 먼 인간상이다. 오히려 의지는 약하다고 볼 수 있다. 의지가 강한 사람이었다면 나의 학창시절이 그 모양이지 않았을 거다.

편차치 30점대의 얼간이가 도시샤 대학교와 케임브리지 대학교 대학원에 합격할 수 있었던 이유는 '구조 만들기'에 성공했기 때문이었다. 공부를 해야 한다는 의지가 남보다 강해서가 아니었다. 공부를 해야 한다는 생각의 구조를 확실하게 다졌기 때문이다.

　원래 사람의 의지는 불확실하다. 일이든 공부든 취미든 무언가를 시작하거나 지속하려고 할 때 의지력만큼 못 미더운 것도 없다. 어떤 일이든 의지만으로 완수하려는 것은 애초부터 무리다.

　즉, 노력가라고 불리는 사람, 한 가지 목표에 지속적으로 힘쓰는 사람, 끈기 있게 한 가지 일을 계속할 수 있는 사람은, 표현을 달리하면 그 일을 하려고 하는 '구조'를 갖고 있는 사람이라고 할 수 있다. 의지가 아니라 구조를 통해 자기 자신을 움직이는 것이다.

　아침에 일찍 일어나는 것을 예로 들어 생각해 보자. 출근, 등교, 중요한 면접 등 일어나야 할 이유가 충분하다고 해도 의지만으로 일찍 일어날 수는 없다. 잠들어 있으니 당연하지 않은가?

　그래서 우리는 알람시계를 맞춘다. 이것도 일어나기 위한 일종의 '구조'다. 새벽 5시에 귓가에서 알람이 울리면 일단 몸은 잠에서 깨어난다. 하지만 그 시간에 반드시 일어나야 하는 이유나 그 시간에 일어나고 싶다는 마음이 없으면 대체로 알람 스위치를 끄고 다시 이불 속으로 들어가기 마련이다.

　그러나 예를 들어 아침 6시에 좋아하는 사람과 공원에서 만나 함께 산책이나 조깅을 하기로 약속했다면 어떨까? 아니면 아침 햇살이 비추는 공원에서 향긋한 커피를 마시며 함께 공부하기로 약속했다면? 안 일어나고는 못 배길 거다.

이렇게 '아침에 일찍 일어나야 한다'는 의무감이 '아침에 일찍 일어나고 싶다'는 기대감으로 바뀌는 것처럼, 좋아하는 사람과의 약속은 일찍 일어나게 하는 '구조'를 만들어 준다. 다시 말해 무슨 일을 꾸준히 할 수 있는 사람은 의지가 특별히 강한 것이 아니라 '하고 싶다'는 기분이 생기는 구조를 잔뜩 갖고 있는 사람이라는 것이다.

"각오와 결심은 미루라고 있는 법이지."

"미쳤나봐, 이번 주 또 못 했어."

"어……. 그냥 다음 달부터 해야겠다."

이런 말을 달고 다니며 스스로에게 실망하는 사람이 많다. 그러나 그건 당신 탓이 아니라 단순히 의욕이 불타오르는 구조를 모를 뿐이다. 반대로 말하면 그 구조를 최대한 많이 알고 그것을 설정해 두면 저절로 동기부여가 되어 언제든지 의욕이 불타오를 것이다.

꼴찌 순위권이었던 나를 변화시킨 의욕의 구조

다시 이야기를 되돌려 보자. 편차치 30점대가 도시샤 대학교에 입학하고 그 후 케임브리지 대학교 대학원에 합격한 건 '공부해야지'라고 생각할 수 있는 구조를 많이 설정했기 때문이다. 예를 들어 대학원 합격을 목표로 했을 때 내가 설정한 구조 중 하나는 좋은 라이벌 혹은 동료를 확보하는 것이었다. 대학원 입학시험을 준비하기 위해 영국에서 입시학원 비슷한 곳에 다녔는데, 그곳에서 같은 목표를 갖고 노력하던 좋은 친구들을 많이 만났다. 이 친구들의 존재는 유학 중 늘 내 의욕을 활활 불타오르게 했다.

친구 혹은 라이벌의 존재가 힘이 되는 것은 과학적으로도 증명된 바 있다. 심리학자인 노먼 트리플렛(Norman Triplett)은 사이클 선수가 혼자 달릴 때보다 다른 사람과 함께 달릴 때 기록이 향상된다는 사실을 실험으로 증명했다. 낚싯대 릴을 돌릴 때 혼자서 작업하기보다 여럿이 함께해야 효율적이라는 사실도 실험으로 증명된 바 있다.

한 가지 더, 입시 공부 때 나는 늘 스톱워치를 사용했다. 예를 들어 '여기서부터 여기까지는 30분 내에 반드시 풀어야지!'라고 결심하고 타이머를 설정한다. 집중해서 문제를 풀고 내가 설정한 시간 내에 끝냈을 때는 거의 승리의 환희를 맛봤다. 이 상쾌한 느낌을 한번 맛보고 나니 좀 더 해야겠다는 마음이 저절로 불타올랐다.

핵심은 '공부를 한다'가 아니라 '시간 내에 한다'로 목표를 살짝 바꿈으로써 확실한 의욕을 끌어내는 구조를 만든 것이다. 이런 구조를 만든 그 당시에는 심리학적으로 정확한 방법인지에 대해서는 전혀 고려하지 않았다. 그냥 의지력이 약한 내가 어떻게 하면 공부를 꾸준히 하고 어떻게 하면 공부를 하고 싶어할 지, 오로지 그것만 연구했을 뿐이었다.

그런데 케임브리지에서 심리학을 본격적으로 공부하다 보니 알게 되었다. 당시 공부하기 위해 설정했던 온갖 '구조'의 대부분이 심리학적 근거를 가지고 있다는 사실을 말이다. 그 후 이 '구조'를 다른 사람들에게 자신 있게 권하기 시작했다. 또 심리학을 공부하면서 적용할 수 있는 여러 상황들을 고려하며 일과 건강 관리 등 공부 이외의 의욕 향상법에 대해서도 깨달을 수 있었다.

심리학과 뇌과학에 입각한 '당신도 되는' 법칙

그것이 이 책에서 의욕을 향상시키는 방법을 소개하고자 하는 이유이다. 이 방법은 모두 내가 케임브리지에서 공부한 심리학 법칙 26가지와 미국 스탠퍼드 대학교, 하버드 대학교, 컬럼비아 대학교 등 세계적으로 유명한 연구기관 21곳의 연구 결과를 토대로 한다.

기본적으로 모든 방법에 관해서 어떤 심리학 이론을 바탕으로 하는지(역설적 과정 이론, 작업 흥분, 스캐폴딩, 매몰비용의 오류 등), 또 어떤 증거를 근거로 하는지를 설명할 것이다. 그 대부분은 내가 직접 실천한 방법(혹은 현재 실천하고 있는 방법)이며 결과적으로 대학원 합격과 다이어트 성공 등의 성과로 이어진 것들이다.

현재까지 교토에서 어학원을 경영하면서 6,000명을 가르쳤다. 그 중 400명이 넘는 학생을 케임브리지 대학교, 런던 대학교 등 세계적인 명문대학에 진학시켰고, 영어뿐만 아니라 이 책에서 소개하는 의욕 향상법을 계속해서 활용하도록 교육하고 있다. 의욕은 공부뿐만 아니라 세상을 살아가는 모든 상황에서 필요한 법이다. 그리고 의욕에 따라 많은 것이 변하기도 한다. 내가 이 책에서 알려 주고자 하는 그 방법을 통해 해

외라는 커다란 무대로 진출해 인생을 크게 바꾼 학생들도 적지 않다. 그렇게 자랑스럽게 말할 수 있다는 것은 참 감사한 사실이다.

의욕이 없다며 한탄할 수는 있다. 그러나 그러한 자신을 바꾸기 위한 굳은 결심을 행동으로 옮기는 것은 다른 문제다. 다시 한 번 말하지만 의욕을 끌어올릴 수 있느냐 혹은 유지할 수 있느냐의 문제는 본인에게 달린 것이 아니다. 또 한 번에 엄청난 변화를 노리며 무리한 욕심을 내다 보면 정말 번아웃을 맞이할 수도 있다. 강한 의지는 필요 없다. 의욕은 차근차근 컨트롤하면 된다. 이 책에서 제시하는 행동 지침을 시도하다 보면 목표 달성을 이룰 수 있을 것이다.

이 책에서는 우리가 살면서 특히 의욕이 필요한 중요한 상황들을 중심으로 구체적인 '의욕 상승법'을 소개한다. 1장에서는 '일하는 상황에서' 의욕을 높이는 방법을 설명했다. 출근과 함께 기운부터 빠지는 모든 직장인들을 위해 회사 생활을 위한 의욕 증진법을 담아냈다.

2장에서는 자격증 시험이나 승진 시험 등을 위한 공부 의욕을 높이는 법에 대해 설명했다. 또 학교 밖에서도 계속되는 공부의 효율을 위해 실질적인 습관들을 정리했다.

3장에서는 다이어트나 운동으로 건강을 관리할 때의 의욕 향상법을 소개했다. 환경을 조성하고 스스로를 움직이게 하여 체계적인 운동을 습관화하는 것을 목표로 하는 장이다.

4장에서는 평일에 쌓인 피로를 날려 버리는 휴일의 의욕 향상법을 설명한다. 무기력한 휴일이 아니라 그 이후에도 이어지는 의욕의 유지하는 방법을 담았다.

'나는 특히 이런 상황에서 의욕을 높이고 싶어'라고 생각하는 구체적인 상황이 있다면, 그 장을 참조하면 큰 도움이 될 것이라고 믿는다. 또한 '의욕이 없는 상태'에서 '의욕이 불타오르는 상태'가 되는 것뿐 아니라 상승한 의욕을 유지시키고 한층 발전시키는 방법도 소개하고 있다.

강한 의지력을 가져야 한다고 자신을 채찍질하는 건 그만두도록 하자. 사회적·신체적·심리적 특성을 강력한 의지만으로 극복해 내기는 매우 어렵다. 중요한 건 의지의 체계를 파악하는 것이다. 의욕과 의지력을 효율적으로 발산시키며 그것을 유지하기 위한 체계를 알고, 또 그에 맞게 자신을 관리할 수 있어야 한다.

그것은 작은 습관들과 별것 아닌 행동들에서 시작한다. 작은 것에서부터 의지를 구조화시켜야 결과적으로 큰 변화를 맞이할 수 있다. '의지의 구조화 파악하기'. 그것이 이 책에서 말하고자 하는 핵심이며, 이 책을 읽는 모두가 일상생활을 보다 활기차게 보낼 수 있는 비법이다.

　흐물흐물 무기력하게 시간을 흘려보낼 것인가, 이글이글 불타오르는 의욕으로 시간을 나의 것으로 만들 것인가? 의욕이 인생을 바꾼다. 이 책이 여러분의 의욕을 불타오르게 하고 여러분의 인생을 바꾸는 데 도움이 되길 진심으로 기원한다.

—쓰카모토 료

1

일잘러가 되기 위한
자기관리법

하루를 시작하는

아침 샤워의 힘

●

내 인생을 바꾼 것은 새벽 기상이다. 그 새벽에 한 일 중 하나가 샤워였다. 정확히는 '43℃의 물로 샤워하기'다.

새벽 5시에 일어나 공부를 시작한 건 고등학교 3학년 때부터였다. 가족들이 잠든 고요한 집 안에서 홀로 책상에 앉아 공부해 보니, 그전까지 잘 이해되지 않았던 교과서와 참고서의 내용이 차곡차곡 정리되는 것을 실감했다.

머리가 맑아진다는 건 그런 것이었다. 한밤중에 눈을 부릅뜨며 공부를 했을 때는 이렇게 문제가 술술 풀린 적이 없었다. 그 아침 시간은 문제아였던 나를 도시샤 대학교로 이끌었고, 다음 스텝에서는 케임브리지 대학교 대학원에 합격할 수 있게 해 주었다. 그 당시부터 지금까지 계속 해 오고 있는 것이 바로 아침 샤워다.

일어나자마자 바로 욕실로 들어가 샤워를 한다. 물의 온도는 여름철에는 40℃ 전후, 겨울철에는 43℃ 전후로 몸이 '조금 뜨겁다'고 느낄 정도로 설정한다. 그렇게 5분에서 10분. 좋아하는 향기가 나는 샴푸와 비누로 샤워를 하면 상쾌해지는 건 물론이고 신경심리학적으로도 신체가 각성하게 된다.

우리 몸의 내장 기관과 혈관, 호흡이나 발한 등 여러 가지 기능을 조절하는 자율신경 중에는 교감신경과 부교감신경이 있다. 교감신경은 주로 에너지를 쓰며 활동할 때 활성화되며 부교감신경은 긴장을 풀 때와 같이 휴식을 취할 때 활성화된다. 때문에 수면 중에는 부교감신경이 활발해지며, 막 기상했을 때까지도 교감신경에 비해 우위를 유지한다. 즉, 눈은 떠졌어도 몸은 아직 '취침 모드'라고 할 수 있다. 그래서 조금 뜨겁다고 느끼는 온도의 물로 재빨리 샤워해서 교감신경을 각성시키고 몸을 깨우는 것이다.

반대로 미지근한 온도의 물로 몸을 천천히 이완시키면 오히려 부교감신경이 활성화될 수 있다. 기상 후의 긴장이 다시 풀리면서 나른함이 유지되어 역효과가 날 수 있는 것이다. 그렇다고 너무 뜨거운 물로 샤워하면 몸이 놀라고 화상을 입을 수도 있다. 이처럼 부교감신경에서 교감신경으로 원활하게 전환하려면 온도와 시간에 주의해야 한다.

좋아하는 향기가 나는 샴푸나 비누를 선택하는 것도 중요하다. 감정과 기억을 관장하는 대뇌는 사람의 오감 중 후각과 직결된다. 그렇기에 사람은 자신이 좋아하는 향을 맡으면 그에 관련된 감정 혹은 기억이 떠오르면서 뇌가 초기화된다. 그와 동시에 멍한 것들도 '샤라락' 날아가 버리는 것이다.

아침 샤워와 더불어 몸무게 관리도 세트로 실천하자. 매일 아침 몸무게 재기는 생각보다 귀찮다. 그래도 일단 샤워도 했겠다 맨몸일 테고, 그나마 있던 귀찮음도 반감되었을 테니 샤워한 김에 체중계 위로 잽싸게 올라가 버리자.

POINT

아침 샤워는 조금 뜨겁다 싶은 물로.
비누와 샴푸는 좋아하는 향기가 나는 것으로.

출근 시간이
즐거워지는
중간 목표

●

아침부터 왠지 울적하고, 출근을 생각하니 몸이 축 처진다. 때로는 그런 아침도 있다. 사실 모든 아침이 그렇다고 느낄 수도 있다. 물론 그렇다고 해도 출근은 해야 하겠지만 일단 '회사 가기'라는 목표는 뒤로 미루도록 하자.

'아침에 회사에 가는 행위'는 하나의 행위로 묶이기 쉽다. 하지만 세분화하면 굉장히 세세한 행동으로 나뉘는 것을 알 수 있다. 예를 들어 '기상 → 세수 및 화장 → 아침 식사 → 서류 등 소지품 확인, 준비 → 가까운 역까지 걷기 → 전철 타기 → 회사까지 걷기 → 도착' 같은 거다. 즉, 회사 도착을 목표로 삼아 버리면 그전까지의 행동은 모두 이 목표를 위한 것이 된다. 그 목표를 실행하고자 하는 마음이 내키지 않으면 그때까지의 행동은 모두 어려워진다.

일단 회사 도착이라는 목표를 잊어버리도록 하자. 다른 목표를 만드는 거다. '이건 하고 싶어!', '어머, 이건 꼭 해야 해!'라며 자신에게 플러스가 되는 목표를 만들어 보자. 이를테면 회사에 가기 전에 스타벅스에 들르는 거다. 자리에 앉아 아메

리카노를 마시거나, 그동안 못 본 웹툰을 몰아서 보거나, 좋아하는 외국 드라마를 한 편만 보거나, 인스타그램 감성으로 사진을 한 장 찍어 보거나. 아무튼 기분이 좋아지는 일을 찾아 회사에 가는 도중에 그것을 설정하면 된다. 그러면 집을 나가기 전까지의 행동은 그 목표를 위한 행동이 되어 준다. 자연스레 하루를 경쾌하게 시작할 수 있게 될 것이다.

사실 이 방법은 인간의 '장래의 이익보다 눈앞의 만족감을 우선하는 경향'을 이용한 것이다. 다이어트 중일 때 눈앞에 케이크가 놓여 있으면 바로 먹어 치워 버릴 때가 많다. 훗날 살을 빼서 건강이나 인간관계에서 큰 이점이 생길지라도 이 장래의 이익을 절감해 버리는 것이다. 다이어트로 인한 즐거운 미래는 손 뻗으면 닿는 케이크의 달콤함보다 아득히 멀기 마련이다. 이렇게 장래의 가치를 절감하는 행위를 행동경제학에서는 '시간 할인율'이라고 한다. 마무리지어야 하는 중요한 일이 있는데 무심코 오늘 주가 차트에 한눈을 파는 것도 '시간 할인율'에 의한 것이다.

출근하기 싫을 때 회사 도착과는 다른 목표를 준비하는 것은 이 '시간 할인율'을 역으로 이용한 방법이다. 인간은 장래의 가치를 절감하고 눈앞의 이익과 만족을 우선하니, 애초에 스스로 만족할 수 있는 것을 준비해서 일단 그것을 위해 움직

이게 하는 것이다. 본성에 거스를 수 없다면 안 거스르면 된
다. 흐름에 몸을 맡기되 눈앞의 즐거운 이익을 정확히 생성해
주도록 하자.

첫 목표를 달성했다면 그 다음은 비교적 쉽게 움직일 수 있
다. 카페에서 기분 좋은 시간을 보냈다면 출근 시간이 왔을
때 '이렇게까지 했는데 출근은 해야지'라는 기분을 느낄 수
있을 것이다.

POINT

출근이 힘든 아침.
'즐거운 목표'를 설정하자.

3

월요일 아침,
시간과의 싸움에서
승리하기

●

월요일 이른 아침에는 좋아하는 홍차를 느긋하게 마신다. 차의 종류는 물론 중요하지 않다. 마시는 게 홍차든 콜라든 오렌지 주스든 여유로운 시간을 가지며 아침의 주도권을 잡을 수만 있다면 뭐든 좋다. 사람은 무언가에 통제당하기보다 직접 통제할 때 의욕이 솟아나는 법이다. 당연히 업무 중일 때도 마찬가지다.

"그거 내일까지 꼭 마무리해."

"이 표 가운데 정렬시키고 폰트 키우라니깐?"

타인(특히 상사)이 세세하게 업무 방식과 스케줄을 관리하면 일하고 싶은 마음은 고스란히 사라지게 된다. 스스로 키를 쥐어야 일하고자 하는 의욕도 불타오르게 된다. 이 당연한 동기부여의 논리는 '내발적 동기부여'와 '외발적 동기부여'로 나눠 볼 수 있다.

'외발적 동기부여'는 '이걸 하면 칭찬받으니까 한다', '이걸 안 하면 혼나니까 한다'라는 식의 외부의 인위적인 자극이 토대가 된다. 한편 '내발적 동기부여'는 '흥미 있으니까 한다',

'관심 있으니까 한다'라는 자신의 내면에서 솟아나는 개인적인 흥미를 기반으로 한다. 이 내발적 동기부여의 원리는 시간에 대해서도 마찬가지다. 시간을 '통제할 수 있을 것 같다'고 생각할 때의 의욕은 생각보다 대단하다. 시간으로부터 도망치듯 하는 일은 필연적으로 부담을 동반하지만 스스로 시간을 계획하고 그것을 실행에 옮길 때는 다르다. 그때 발생하는 주체적인 의욕을 기억하고 그 추진력에 익숙해질 필요가 있다.

대표적인 내발적 동기부여의 예시는 '올 한 해 목표'이다. 대부분의 사람들은 연초에 그 해의 목표를 의욕적으로 수립한다. 1년이라는 긴 시간이 남아 있으니 어떻게든 달성할 수 있을 것 같다는 자연스러운 생각에 의해서다. 반면 연말이 가까워졌는데 목표를 달성하지 못했다면, 대부분의 사람들은 '어떻게든 올해 안에 해야지'보다 '내년에 열심히 해야지'라고 생각해 버린다. 직접 통제할 수 있는 여지가 거의 사라진 탓에 의욕이 사그라지는 것이다.

'1년의 시간'을 '일주일의 시간'으로 생각해 보자. 같은 논리로 일주일 중 '시간을 통제할 수 있다'고 실감하기 쉬운 시간대는 월요일 아침이다. 올 한 해의 목표를 연초에 계획하는 것처럼, 월요일 아침은 일주일의 시작, 그리고 하루의 시작이

니 말이다.

느긋하게 시간을 보내며 만족감을 느낄 수 있다면 뭐든지 좋다. 고풍스럽게 홍차를 홀짝이거나, 새벽에 여유롭게 산책하거나, 조금 오래 조깅하거나, 아침부터 소파에 앉아서 좋아하는 드라마를 보도록 하자. 그 자체로 월요일 아침이 가져오는 피곤과의 싸움에서 완벽하게 승리하게 될 것이다.

POINT

시간으로부터 도망치지 말고,
시간을 쫓아 달리자.

4

간단한 인사가

신뢰와 유대를

쌓는다

●

사무실에서 하는 업무는 대부분 컴퓨터를 통해 이루어진다. 요즘은 타 부서 사원과 연락하거나 고작 몇 미터 떨어진 상사와 업무적인 대화를 할 때에도 메신저로만 처리하는 경우가 많을 정도다. 그런 사람의 경우에도, 아니 그런 사람일수록 더더욱 아침에 직접 나서서 동료와 간단한 대화를 나누면 의욕이 한층 향상된다. 그 이유는 무엇일까?

나는 학생들 혹은 직장인들과 어울리거나 SNS상의 트렌드를 분석하고는 한다. 그럴 때마다 느끼는 것은 현대인들이 높은 '존중의 욕구'를 갈망하고 있다는 점이다.

미국의 심리학자 에이브러햄 해럴드 매슬로(Abraham Harold Maslow)는 '욕구 단계설(Hierarchy of needs)'을 주장하였다. 이는 '인간은 자아실현을 위해서 끊임없이 성장한다'라는 가설을 토대로 하여 인간의 욕구를 5단계로 분류한 것이다. 그 다섯 가지 욕구란 ① 생리적 욕구(식욕, 배설욕, 수면욕, 성욕 등 생명 유지를 위한 기본적·본능적인 욕구), ② 안전 욕구(안심하고 안전하게 생활하고 싶다는 욕구), ③ 사회적 욕구(회사, 가족, 학교 등

집단에서 소속감과 애정을 갈구하는 욕구), ④ 존중의 욕구(가치 있고 존중받는 사람으로 타인에게 인정받고 싶은 욕구), ⑤ 자아실현 욕구(잠재적인 능력이나 가능성을 발휘하여 나답게 살고 싶다는 욕구)를 말한다. 기본적으로 인간은 ①의 욕구가 충족되면 ②의 욕구를 바라고 그것이 충족되면 ③의 욕구를 바라며, 이런 식으로 ①부터 ⑤까지 순차적으로 욕구를 충족시키려 한다.

이 다섯 가지 욕구 중 현대인들이 특히나 갈망하는 것이 네 번째 욕구인 '존중의 욕구'이다. 스스로를 인정하기 위해서라도 타인의 존중이 필요하다고 생각하는 사람들이 점점 많아지고 있다. 페이스북의 '좋아요'나 인스타그램 하트 숫자에 신경 쓰는 건 이제 예삿일이다. 그 밑바탕에 자리매김한 존중의 욕구는 사회 현상을 주도할 만큼 강력한 욕망의 대상이 되어 가고 있다. 더불어 최종적인 자아실현을 위해 충족되어야 하는 대단히 중요한 단계이기도 하다.

커뮤니케이션과 '존중의 욕구'와의 상관관계

존중의 욕구가 강력하다는 것은 그것이 충족되지 않았다는 뜻이다. 왜 그 욕구가 충족되지 않았을까? 실제적인 소통의 기회가 줄어든 것이 가장 대표적인 원인이 될 것이다.

사람이 얼굴을 마주 보고 커뮤니케이션을 할 경우 우리는 말 이외의 부분으로도 다양한 정보를 서로에게 전달한다. 표정이나 목소리 톤, 시선, 자세, 몸짓 등이 그것이다. 이렇게 말 이외의 것을 사용한 커뮤니케이션을 '비언어적 소통', 반대로 언어를 통한 커뮤니케이션을 '언어적 소통'이라고 한다. 맞은편 자리 상사의 한숨 소리를 통해 오늘 하루가 쉽지 않을 것이라 예측하는 것이 비언어적 소통의 예시이다.

비언어적 소통은 언어적 소통보다 정보의 전달량이 압도적이다. 목소리 톤과 제스처를 통해 세세한 감정의 상태를 캐치해 낼 수도 있다. 흔히 말하는 '촉'과 '육감'이라는 것 또한 일상생활에서 축적된 비언어적 소통의 빅데이터로 인한 것이다. 하지만 현대에는 인터넷을 통한 커뮤니케이션이 대다수이다. 이따금 이모티콘을 사용하거나 사진, 동영상 등을 첨부하는 경우도 있지만 결국 인터넷에서는 언어가 중심이 될 수밖에 없다. 즉, 주고받는 정보량이 현저히 떨어지게 되는 것이다. 그래서 상대방의 진의를 살피거나 자신의 진의가 통할지 파악하는 것도 서로의 상상력에 맡기게 된다. 이것만으로 서로가 '존중의 욕구'를 충족시키려면 가진 어휘력과 표현력이 총동원되어야 한다.

'나를 필요로 한다', '나는 기대받고 있다'는 실감을 얻는 가장 빠르고 확실한 방법은 대면을 통한 활동이다. 얼굴을 맞대어 어울리고 여러 루트의 비언어적 소통을 통하면 상대방을 판단하는 자신의 통찰력을 신뢰할 수 있게 된다. 하지만 인터넷에서의 소통은 그러한 기회를 빼앗는다. 어쩌다 대면 커뮤니케이션이 이뤄져야 할 때에는 어떻게 행동해야 할지 몰라 만족감을 얻지 못하는 경우가 반복될 수 있다. 더욱더 '존중의 욕구'를 바라는 악순환이 일어나게 되는 것이다.

타인의 신뢰가 행동의 원동력이 된다

이런 현상을 뒤집기 위해서는 직접 돌파구를 찾아 뚫어 내야만 한다. 나는 이 방법으로 '먼저 인사하기'를 제안한다. 인사를 주고받는 것은 대인 커뮤니케이션의 가장 기본적인 부분, 최소 단위라고 할 수 있다. 쉽게 간단하다고 생각하지 말자. 생각보다 누구나 하기 힘들어하는 것이 인사다.

미국 터프츠 대학교의 샘 소머스(Sam Sommers) 박사 팀은 우호적인 관계를 형성하지 못하는 대학생들을 연구하였다. 이들이 관계에 문제를 겪는 가장 큰 원인은 타인에 대한 무관심이 아니라 '타인이 나에게 관심을 가질 리가 없다'는 무조건적인 맹신이었다. 연구 결과, 인사는 그 억측을 배제할 수 있는 효과적인 수단이다. 홀로 빠져 있는 무관심의 늪은 누군가의 인사가 아니라 자신의 인사로 빠져나올 수 있다.

회사에서 동료나 상사에게 적극적으로 먼저 인사를 건네 보자. 간단한 대화로까지 이어 나갈 수 있다면 이상적이다. 거기에서 시작된 인사와 간단한 대화는 짧은 시간이지만 유대와 신뢰를 쌓는 충실한 근거가 되어 준다. 그렇게 타인이 자신을 믿고 의지한다고 느끼게 되면 다음 단계인 자아실현 욕구를 위해 힘을 낼 수 있다.

POINT

간단한 인사와 조금의 관심이
존중의 근거를 만든다.

5

확실한

업무 인지를 위한

포스트잇

●

짧은 하루에 할 일은 많다. 최대한의 결과를 위해 우리는 오전의 성취감에 신경을 써야 한다. 이를 위해 해야 하는 것은 포스트잇을 사용한 '투 두 리스트(TO DO LIST)' 만들기이다.

그날 하루에 해야 할 일을 포스트잇에 적어서 노트에 붙인다. 이 간단한 방법은 '해야 할 일을 가시화하는' 것이 포인트이다. 인간은 자신의 눈에 보이는 것에 유도되어 행동하는 경우가 많기 때문이다. 버스의 하차 벨처럼 눈앞에 버튼이 있으면 왠지 누르고 싶어지는 것처럼, 레스토랑 앞에 진짜 음식처럼 만든 모형이 장식되어 있으면 무심코 만져 보고 싶어지는 것처럼 말이다.

이러한 사물과 인간 행위의 관계성에 관하여 미국의 지각 심리학자 제임스 제롬 깁슨(James Jerome Gibson)은 '어포던스(affordance, 행동 유도성)'라는 개념을 확립하였다. 환경과 사물에는 근원적으로 '의미를 내포하는 정보(어포던스)'가 있어서 인간은 그것을 이용하여 행동한다는 것이다. 깁슨은 사물이 갖는 '어포던스'가 인간의 무의식적인 행동을 유도한다고 말한다. 인간은 지각할 수 있는 사물에서 의미를 찾고 행동하는 것이다.

그렇다면 그 행동을 유도하는 사물을 직접 만들면 되지 않을까? 그것이 포스트잇을 사용한 투 두 리스트이다. 다음의 순서로 자신만의 투 두 리스트를 작성해 보자.

❶ 포스트잇 1장에 작업 하나씩, 그날 할 일을 전부 적어 넣기.

그날 해야 할 일은 일단 죄다 포스트잇에 적어 보자. '○○ 씨에게 메일 답변', '○○사에 등기 보내기' 등 사소한 작업까지 하나도 남김없이 적어 넣는 거다. 이렇게 하면 그날 해야 하는 일의 전체량을 구체적으로 알 수 있다. 머릿속에서만 처리하면 생각이 모호해져서 '이건 굳이 오전에 안 해도 시간 맞출 수 있지 않을까?'라며 미루는 경우가 늘어난다. 하지만 눈에 보이면 '아, 이건 칼퇴 힘들겠네'라는 현실적인 생각이 든다. 그러니 작업을 최대한 세분화해서 포스트잇에 적는 것이 중요하다.

개인적으로 나에게 중요한 일 중 하나는 '원고 쓰기'다. 이때 포스트잇에 단순히 '원고 집필'이라고 적어 놓으면 너무

모호하다. 예를 들어 '오늘은 1장 전반을 쓰겠다'라고 결심하면 이를 위한 '자료 찾기', '자료 조사', '1항 집필', '2항 집필' 등 가능한 한 작업을 작게 분해해야 현실적인 시간배분을 할 수가 있다. 직장인의 경우 '기획서 작성'과 같은 업무가 있을 수 있다. 그럴 때도 '○○의 자료 데이터 찾기', '○○ 리서치', '통계자료 작성', '○○ 씨에게 △△에 관해서 묻기' 등 단계별로 세세하게 분류해 적어 보자.

❷ 시작하는 순서대로 포스트잇을 배열하기

작업 목록 작성이 끝났다면 다음은 어떤 순서로 일을 진행해야 할지 생각해 보자. 어떤 순서로 일해야 하루 종일 가장 높은 성과를 보일 수 있는지, 또 가장 순조롭게 일을 진행할 수 있는지를 고려해서 정해야 한다.

❸ 끝난 일이 적힌 포스트잇은 노트 오른쪽에 옮겨 붙이기

나는 날마다 이 투 두 리스트 포스트잇을 노트 왼쪽에 나란히

붙여 놓는다. 그리고 적힌 일을 완수한 포스트잇은 바로 노트 오른쪽에 옮겨 붙인다.

이 작업은 투 두 리스트를 활용할 때 매우 중요하다. '나는 목표를 달성할 수 있다' 라는 자기효능감을 명확하게 부여하는 행동 요소가 되어 주기 때문이다. 자기효능감은 현실적인 감각으로 업무를 바라볼 수 있게 해 주기에 스스로의 실천력을 가시화하는 데 큰 도움이 된다.

이 자기효능감의 원천이 바로 '다 끝낸 일'이다. 그러나 '다 끝낸 일'은 언제나 소홀히 다뤄지기 마련이다. 그게 업무의 연장선으로 이어지지 않는 이상 본인이 끝내 버린 일은 그냥 끝낸 일일 뿐 의미부여가 되기 힘든 법이다. 코칭하는 학생이나 직장인에게 어제 무슨 일을 했냐는 질문을 해 보아도 답변하지 못하는 경우가 허다하다. 실은 온갖 일을 했을 텐데 그걸 그대로 흘려 버리는 것이다.

하지만 '다 끝낸 일'은 높은 자신감이 되어 의욕을 불타오르게 하는 좋은 질료가 되어 준다. 나는 이 투 두 리스트를 전날 밤에 대충 만들어 놓는다. 다음 날 아침에 갑자기 메일이 와서 할 일이 늘어나는 경우도 있기 때문에 자세한 조정은 당일 아침에 행한다. 포스트잇이 노트에 죽 늘어선 날도 종종 있다. 그 모습에 '오늘도 이렇게나 할 일이 많다니……'라고 실망할 수도 있지만 '오늘 내로 다 옮겨 붙이고 만다'라며 도전적인 기분이 드는 경우가 훨씬 많다. 하나씩 숙제를 없애 가는 즐거움을 만들어 보도록 하자.

POINT

할 일을 세분화해서 포스트잇에.
일을 끝낸 포스트잇은 구분해서 남기기.

6

아침에는 하기 싫거나

내키지 않는 일부터

●

하고 싶지 않거나 내키지 않은 일은 아침에 먼저 처리하도록 하자. 앞서 소개한 투 두 리스트에서 내가 '자발적으로 하고 싶지 않은 일', '마음이 내키지 않은 일'을 맨 위에 배치하는 것이다. 예를 들어 누군가가 식사를 함께 하자고 했는데 도저히 스케줄을 뺄 수 없어서 거절해야 할 때, 또는 커뮤니케이션이 통하지 않아서 업무 상대에게 오해를 사거나 불쾌하게 했을 때 등의 사과는 '마음이 내키지 않는 일'에 넣는다. 그리고 이런 일을 오전 중에 활기차게 처리해 버린다.

의외로 간과하기 쉬운데 '생각한다'는 행위에는 시간과 뇌의 에너지 비용이 상당히 소모된다. 또 반드시 해야 하지만 마음이 내키지 않아서 미루는 일이 있을 때는 이를 몇 번이고 떠올려 생각하게 된다. '빨리 해야 하는데…… 하지만 영 내키지 않아. 나중에 해야지…… 그래도 하고 싶지 않아……'라는 식으로 말이다. 그렇게 걱정하다가 집중하지 못하는 일이 허다할 거고, 그때마다 소비되는 비용을 합산해 보면 결코 무시할 수 없다. 이렇게 걱정을 동반하는 생각 행위는 많은 손해를 발생시킨다.

학창 시절에 이런저런 아르바이트를 하던 도중 정말이지 도저히 가기 싫어진 가게가 있었다. 근무 시간은 오후 4시부터였는데 그 아르바이트가 있는 날은 아침부터 우울했다. 오후 4시까지 아무리 즐거운 시간을 보내더라도, 오히려 가고 싶지 않다는 마음이 더 심해져 일하는 시간을 순수하게 즐기지 못했다. 모처럼 즐겁게 보낸 하루까지 엉망이 되는 경우가 많았다.

그러니 하루의 컨디션을 위해 하고 싶지 않은 일, 마음이 내키지 않은 일은 이른 아침 시간에 해치워 버리는 것이 좋다. 아침 시간은 의지력도 가장 높은 시간대이다. 의지력은 정점을 찍은 후 시간이 지날수록 저하되기에, 해야 한다고 결심한 일을 수행하기에는 아침 시간이 가장 좋다. 우리 모두가 잘 알고 있듯, 저녁에 가까워질수록 야근으로, 또 다음 날로 미뤄지게 되는 사태가 발생하게 된다. 당연히 그러는 동안에도 우리는 정신적인 비용을 계속 지불하고 있는 것이다.

이스라엘 교도소에서 가석방을 신청한 죄수 4명을 대상으로 실험을 진행한 적이 있다. 실험 결과 심사를 받는 시간대에 따라 수형자가 가석방을 허가받을 확률이 크게 달라진다는 결과가 나왔다. 오전 중에 심사를 받은 수형자가 가석방을 허가받을 확률은 70%였지만, 오후 늦은 시간에 심사를 받은 수형자의 가석방 허가 확률은 10% 미만이었다. 의지력과 자제심이 고갈될 경우 사람은 편한 선택지나 추천받은 물품을 그대로 선택해 버리는 '결정 피로(Decision Fatigue)'를 느끼는데 이것이 교도소 판사에게도 적용된다는 사실이 입증된 것이다.

하기 어려운 일은 단순 업무뿐만 아니라 관계에 있어서도 마찬가지다. 누군가에게 사과를 할 때에는 상대방의 의지력도 오전 중에 가장 높다는 것을 인지해야 한다. 의지력이 높으면 사람은 상대방의 말과 행동을 침착하게 받아들일 수 있지만 의지가 저하될수록 감정적으로 대하기 쉬워진다. 상대방의 의지력이 높은 시간대를 골라야 서로가 침착하게 대처할 수 있는 확률이 높아지는 법이다. 열심히 사과했는데 예상치 못한 상대방의 반응 때문에 정신적으로 타격을 받더라도, 아침이라면 회복할 기회가 많을 것이다.

POINT

생각하기도 싫은 일은
아침 커피 마시기 전에 해치워 버리자.

계획의 장벽을
예상하라

●

내키지 않는 일, 그것도 바로 해치울 수 없는 일이라면 더욱 의욕이 떨어진다. 보고도 못 본 척하고 싶을 때 오히려 그 일에 주목해서 대책을 세우는 것은 의욕을 높이는 요령 중 하나이다.

미국 뉴욕 대학교의 모티베이션 연구소 실장을 맡고 있는 가브리엘레 외팅겐(Gabriele Oettingen) 박사는 목표 달성을 위한 '심리적 대조(mental contrasting)'라는 기법을 만들어 냈다. 이는 자신의 꿈을 이루거나 목표를 달성할 때 긍정적인 측면에만 주목하는 것이 아니라 도중에 실패한 계획 등 부정적인 측면에도 주목한다는 내용이다. 꿈을 실현하고 목표를 달성하는 데 방해가 되는 장벽을 예상하고 미리 대책을 세우면 행동 에너지가 한층 솟아난다고 한다.

외팅겐 박사의 이론은 내가 지도하는 직장인과 학생들에게 자주 적용된다. 업무를 할 때 영어를 활용하고 싶다는 목표를 세운 학생들은 해외 지사로의 전근, 해외 직원과의 프로젝트 진행 등 긍정적인 가능성을 그리고는 한다. 실제로 영어를 배우면 본인이 상상했던 것보다 더 좋은 일이 일어나는 경우가 많아 그런 학생들을 보며 뿌듯함을 느끼고는 한다. 문제는 목표를 이루기 전, 공부하는 과정에 있다. 어느 직장이나 그렇듯 처음에는 구체적이던 계획과 불타오르던 의욕은 야근과 잔업에 잡아먹히는 경우가 많다. 퇴근 후 구상한 저녁 공부 시간은 피곤함에 짓눌려 쉽게 수면 시간으로 바뀌고는 한다. 목표 달성을 방해하는 장벽은 이런 것을 말한다.

외팅겐 박사는 목표 달성의 과정에 반드시 존재하는 장벽을 예상하여 그 대책을 세워야 한다고 말한다. 일이 바빠서 공부할 시간을 낼 수 없다는 학생에게는 아침 시간을 활용하는 방법을 권했다. 해당 학생은 돌발 상황이 자주 일어나는 직업을 가졌기에 애초에 정해진 시간에 퇴근을 할 수 없었다. 그래서 저녁에 공부 시간을 상정한 것은 자기 스스로 '벽'을 만든 것과 같았다. 하지만 아침이라면 의외로 쉽게 자신만의 시간을 확보할 수 있다. 아침 수면은 물리적으로 조절이 불가능한 시간에 비해서는 상당히 긍정적으로 협상이 가능한 상대다. 다행히도 저녁 공부를 멈추고 아침형으로 생활 패턴을 바꿈으로써, 그 학생은 공부 시간을 효율적으로 활용할 수 있었다.

그러니 가능하면 뒤로 미루고 싶은 일은 이 '심리적 대조'를 응용해 보자. 먼저 그 일을 끝내기 위한 구체적인 대책을 세워 보는 것이다. 그 일을 왜 하기 싫은 걸까? 뒤로 미루고 싶은 이유가 뭘까? 그 원인이 기술적으로 어려운 경우에는 누군가에게 부탁하거나 도움을 받을 수는 없을까? 그 모든 것에 짧게라도 답을 내 보자. 그렇게 미래에 예상되는 문제를 해결할 수 있는 자신만의 답을 하나둘 찾게 되면, 하고자 하는 에너지가 솟아나는 것은 물론, 행동도 구체적으로 취할 수 있게 될 것이다.

POINT

일에 장벽은 따르기 마련.
미리 예상해 놓으면 행동 에너지가 솟아난다!

8

일의 효율은

내용보다 '순서'

●

아침부터 의욕이 없을 때는, 시작하자. 뭐부터? 당장 할 수 있는 것부터.

이때는 업무 내용에 대한 필요 이상의 이해보다 머리나 몸을 써서 '일단' 시작한다는 것이 중요하다. 천천히 액셀을 밟아 속력을 올리듯 하루 의욕의 상승곡선을 위해 도화선에 불을 붙이는 행위가 필요한 것이다.

이는 독일의 심리학자 에밀 크레펠린(Emil Kraeperin)이 주장한 '작업 흥분'을 이용한 행위이다. 작업 흥분은 머리나 몸을 써서 어떤 작업을 시작하면 의욕이 생겨서 그 작업을 계속하기 쉬워진다는 이론이다. 사람들은 흔히 '의욕이 없어서 일할 마음이 생기지 않는다', '의욕이 없어서 공부 진도가 안 나간다'라고 하는데, 이건 완벽히 인과의 오류를 범한 말이다. 의욕은 기다린다고 저절로 솟아나지 않는다. 일단 머리에 시동을 걸거나 직접적으로 근육을 움직여야 한다. 인간은 '의욕이 생겨서 행동하는' 것이 아니라 '행동하기 때문에 의욕이 생기는' 생물이라는 것을 인지해야 한다.

대학교에서 강의를 하다 보면 학생들에게 과제를 낼 때가 있다. 과제는 메일로 제출하게 하는데, 마감 기한만 되면 과제 리포트가 끊임없이 들어오게 된다. 학생이 50명이라면 메일함에는 '과제 리포트'라는 50개의 제목이 쭉 이어져 상당한 압박감을 느끼고는 한다. 이 모든 리포트 내용을 마감 기한까지 일일이 확인하고 첨삭하는 것은 꽤 많은 시간과 노력이 필요하다. 그런 탓에 파일 50개를 보면 언제 다 끝내나 싶어서 조금 침울해지기도 한다. 하지만 과제 첨삭을 몇 개 정도 끝내면 '목표구배 효과'를 활용해서 일을 더욱 가속할 수 있게 된다.

'목표구배 효과'란 어떤 목표를 위해 작업할 때 그 작업이 목표에 가까워질수록 행동이 빨라져서 목표 달성 효율이 오르는 것을 말한다. 이 가설을 제안한 사람은 미국의 심리학자 클라크 헐(Clark Leonard Hull)이다. 그는 출구에 먹이를 놓은 미로 속에 쥐를 풀어놓고 쥐의 행동을 관찰했다. 그러자 출구가 가까워질수록 쥐의 달리는 속도가 빨라지기 시작했고, 클라크는 이를 바탕으로 '목표에 근접할수록 높아지는 효율'에 대한 이론을 정립했다.

미국 컬럼비아 대학교의 란 키베츠(Ran Kivetz) 교수팀은 실험을 통해 인간의 소비자 행동에서도 이 '목표구배 효과'가 확인된다는 것을 입증했다. 이 실험에서는 한 카페에서 '커피 한 잔을 마시면 도장 한 개를 얻을 수 있고 도장 10개를 모으면 커피 한 잔이 공짜'라는 알반적인 스탬프 카드를 고객에게 나눠 주었다. 단, 스탬프 카드는 다음의 두 종류가 있었다.

❶ 도장을 찍는 칸이 10개이며 도장 10개를 모으면 커피 한 잔이 무료인 카드
❷ 도장을 찍는 칸이 12개이며 도장 12개를 모으면 커피 한 잔이 무료인 카드

하지만 ❷의 카드에는 처음부터 도장 두 개가 찍혀 있어서 실질적으로 고객이 모아야 하는 도장 개수는 ❶의 경우와 마찬가지로 10개였다. 이 연구 결과에서는 ❷의 카드를 받은 고객이 도장 10개를 압도적으로 많이 모았다고 한다. 더불어 '커피 한 잔 무료'라는 목표에 가까워질수록 고객이 카페를 방문하는 횟수의 간격 또한 짧아졌다. 이 실험은 인간도 목표에 가까워질수록 그 목표를 달성시키고자 하는 심리가 강해진다는 것을 알려 준다.

다시 리포트 이야기로 돌아와 보자. 나는 먼저 첨삭을 끝낸 리포트를 '첨삭 완료 폴더'에 넣는 것으로 '작업 흥분'을 얻는

다. 파일 용량이 적은 것부터 첨삭을 시작하면 시간을 별로 들이지 않아도 '첨삭 완료 폴더'에 리포트가 쌓이게 되고, 이는 '목표구배 효과'를 발동시키기 위한 조건을 만들어 준다. 5개의 짧은 리포트를 첨삭하면 벌써 10분의 1이 끝난 것이다. 그렇게 자신의 심리를 조절하며 눈앞에 보이는 목표에 접근했다는 실감을 주는 것이 중요하다. '작업 흥분'으로 불을 붙이고 '목표구배 효과'를 통해 기름을 부어 끝낸 일을 가시화하면, 남은 작업량을 한껏 빠르고 의욕적으로 끝낼 수 있다.

앞서 말한 '불편한 일을 먼저 끝내 버리는 것'과 이번 법칙은 상충되는 것처럼 보일 수 있다. 불편한 일을 끝내야 에너지를 소모하지 않는데, 이번에는 편한 일부터 해서 업무 예열을 하라는 말이기 때문이다.

하지만 업무마다 그 층위가 다르다. 내키지 않는 일을 착수할 때에도 당장 시작할 수 있는 일이 있고 그렇지 못한 일이 있을 것이다. 언제나 고비인 과장님의 결제를 받아야 하는데 과장님이 오전에 외근이라면 어쩔 수 없다. 그 결제를 걱정하며 끙끙 앓지 말고, 다른 자잘한 업무로 '작업 흥분'을 얻은 뒤 차근차근 '목표구배 효과'를 통해 과장님과의 결전을 대비하면 된다.

반대로 불편한 일을 빠르게 끝내기 위해서도 이 방법은 도움이 된다. 당장 할 수 있는 작은 단위의 업무를 마무리짓다 보면, 내키지 않았던 일도 어느새 처리되어 있을 것이다.

중요한 것은 '지금 당장 시작하는' 것이다.

POINT

머리나 몸을 움직이면 의욕이 불타오른다.
따라서 '일단 시작하기'가 중요하다.

9

'안 해도 돼'라고

당당하게 소리쳐라

●

내키지 않는 일을 마주했을 때 의욕을 유지할 수 있는 몇 가지 방법을 앞서 제시했다. 그럼에도 하고 싶지 않은 일이 떠오를 때가 있을 것이다. 이번에는 반대의 방법을 소개하고자 한다. 먼저 '전혀 다른 일을 생각하는' 방법이다.

인간의 심리에는 무언가를 생각하지 않으려고 하면 할수록 그것을 더욱더 생각하는 경향이 있다. 이 현상을 주장한 사람은 미국의 심리학자 다니엘 웨그너(Daniel Merton Wegner)로, 그는 1987년에 '흰곰 실험'이라고 불리는 유명한 실험을 진행했다. 웨그너는 흰곰 영상을 세 그룹에게 보여 준 후 각 그룹에게 다음과 같이 말했다.

그룹 1 : "흰곰을 기억해 두세요."
그룹 2 : "흰곰을 생각하든 안 하든 상관없습니다."
그룹 3 : "흰곰만 절대로 생각하지 마세요."

기간을 두고 조사하자 놀랍게도 그룹 3의 사람들이 영상을 뚜렷하게 기억한다는 것이 드러났다. 다니엘 웨그너는 이 실험 결과를 통해 사람이 무언가를 생각하지 않으려고 할수록 그것을 생각하게 되는 현상을 '역설적 과정 이론(Ironic process theory)'이라고 이름 붙였다. 절대로 흰곰을 생각하지 말아야 한다면 자신이 흰곰을 생각하지 않는지 머릿속으로 확인을 해야 하고, 흰곰에 대해서 확인하려면 늘 흰곰을 의식해야만 한다. 생각하지 말자는 의식이 오히려 생각하는 상태를 유지시키는 것이다.

업무에서도 마찬가지다. 내키지 않지만 오늘 꼭 해야 하는 일은 잊으려 해도 오히려 그 일로 머릿속이 가득 차 다른 일에 집중하지 못하는 경우가 있다.

미국 스탠퍼드 대학교의 켈리 맥고니걸(Kelly McGonigal) 박사는 같은 대학 철학과의 존 페리(John R. Perry) 명예교수를 통해 하고 싶지 않은 일 자체를 동기부여로 삼는 방법을 배웠다. 앞에서 설명한 투 두 리스트에서 시작하는 간단한 방법이다. 먼저 투 두 리스트를 확실하게 작성한 뒤 이전과 같이 ① 업무를 최대한 세분화하고 ② 그 업무를 포스트잇에 적어서 ③ 시작할 순서대로 나열해 보도록 하자. 다 작성한 투 두 리스트에는 하고 싶지 않은 일도 있을 것이다. 그 포스트잇을 먼저 제대로 마주하고 바라본 다음 다른 포스트잇으로 시선을 돌리면, 그 일을 제외한 다른 일들이 매력적으로 보이게 된다. 매력적으로 보이는 일을 휴식이라고 생각하며 실행하면 더 일이 순조롭게 진행될 것이고, 하고 싶지 않은 일 자체가 의욕을 불타오르게 하는 점화석이 되어 준다.

결과적으로는 인식의 늪에서 빠져나와야 한다는 것이다. 썩 내키지 않고 미루고 싶은 일이 있을 때에는 다른 업무와 대상으로 초점을 맞춰 보자. 편안하게 느끼는 일을 생각하고 직접 마주하거나, 아니면 투 두 리스트의 업무 목록을 바라보며 물리적으로 자신을 컨트롤해보는 것이다. '이건 지금 안 해도 됨'이라고 중얼거려도 좋다. 그리고 다른 일을 시작하자. 행동 에너지를 긍정적으로 발산하다 보면 하기 싫었던 그 업무도 거부감 없이 시작할 수 있을 것이다.

POINT

내키지 않는 일은 일단 뒤로 미루고
'전혀 다른 일'을 생각하자.

10

회의의 부담감은

뻔뻔함으로

극복하자

●

팀을 대표하는 분기 실적 보고, 거래처 임원이 참석한 회의 자리, 회사의 사활이 걸린 중대한 프레젠테이션, 내 운명이 달린 채용 면접…….

예시는 얼마든지 들 수 있다. 중대하고 부담감이 팍팍 쌓이는 프렌제이션이나 회의를 앞두면 사람은 한없이 우울해지기 마련이다.

'나는 설렌다!'

그렇게 '단언'하라는 것이 이번 제안이다.

미국 하버드 대학교 경영대학원의 앨리슨 반스(Allison Barnes) 교수는 피험자를 두 그룹으로 나눠서 각각 프레젠테이션이나 노래를 시키는 등 긴장감을 느끼게 하는 상황을 조성했다.

그런 다음 첫 번째 그룹에게는 '나는 침착하다'라고 단언하며 긴장을 풀라고 지시하고 두 번째 그룹에게는 '나는 설렌다'라고 단언하도록 지시를 내렸다.

그 결과, 두 번째 그룹이 압도적으로 좋은 효과를 볼 수 있었다.

인간은 긴장을 풀려고 할수록 실패한다. 성공하려면 불안이나 긴장을 정면으로 받아들이지 말고 설렌다고 관점을 바꾸는 것이 효과적이다.

그러니 앞으로 우리가 프레젠테이션에서 긴장하는 것은 떨려서가 아니다. 사실 이 발표를 통해 이전부터 하고 싶던 기획을 실현할 수 있을지 모른다는 기대감이 충만해 있기 때문인 것이다. 새로운 기획을 위해서도 좋고 상사의 눈도장을 위해서도 좋다. 불안이나 긴장에서 조금만 시선을 돌려 보면 그 밑바탕에 짙게 드리운 설렘을 발견할 수 있을 것이다. 이처럼 관점을 바꾸면 긴장과 불안이 사라진다.

목표 설정을 변경한다

사람이라면 모두 자신에 대한 기대로 인해 불안이나 긴장을 느끼는 경우가 있다. 프레젠테이션에서는 어떻게든 성공해야 하고, 회의에서 보고할 때는 상사에게 인정받을 수 있도록 잘해야 한다는 마음이 생기기 마련이다. 잘해야 하고 이뤄 내야 한다. 결과를 보이고 인정받아야 한다. 그렇게 스스로의 심리적인 문턱을 끝없이 높여 버리는 것이다. 이때 만약 할 수 있다는 자신감이 없다면 의욕은 그대로 사라지게 된다. 나도 마찬가지다.

이런 경우에는 목표 설정을 변경하면 좋다. '성공'이라는 타이틀을 끝까지 버릴 수 없다면 '다른 성공'을 지향하면 된다. "오늘 프레젠테이션에서는 가볍게 아이디어만 공유하면 돼." "그냥 이 안건에 대한 부장님 의중만 파악하면 돼." 정도의 목적지를 두고 시작하는 것이다.

세상이 무너져도 좋은 결과를 내려고 하거나 정신을 갉아먹으면서까지 성공하려고 하면 쓸데없는 힘이 들어가기 마련이다. 그러니 현실적이고 명확한, 그리고 쉽게 쟁취할 수 있는 목표 설정이 뒷받침되어야 한다. 자연스럽게 실제 퍼포먼스에서도 여유를 유지할 수 있을 것이며, 그것이 결과적으로 장점으로 작용하는 경우도 많다.

목표를 변경하는 이 방법은 내가 강연을 할 때 주로 사용하는 방법이었다. 강연은 청중이 원하는 주제가 명확해서 어떤 부류의 사람들이 오는지 확실한 경우와 반대로 그렇지 않은 경우가 있다. 전자의 경우에는 순조롭게 준비할 수 있지만 후자의 경우에는 아무리 준비해도 완벽하다는 생각이 들지 않게 된다.

강연의 청중은 자기 시간을 써서 오는 사람들이다. 때문에 강단에 설 때는 어떻게든 그 사람들에게 도움이 되는 이야기를 하고 싶어지고, 그래야만 한다는 사명감에 사로잡히게 된다. 그런데 어떤 입장과 나이대의 사람이 오는지 알 수 없으면 무슨 이야기를 해야 좋을지 몰라 준비하는 동안에도 의욕이 떨어졌었다.

그래서 뻔뻔해지기로 했다. 스스로가 이해할 수 있을 만큼만 준비가 됐다면 이대로 어떤 평가를 받아도 상관없다는 자세로 임해 보았다.

그렇게 목표치를 바꾸니 의욕이 솟기 시작했다. 목표가 낮아진 만큼 성의가 부족할 것 같았지만 오히려 의욕이 증진되어 더 좋은 준비를 할 수 있었다. 긴장이 풀리니 수많은 청중 앞에서 머리도 입도 편안할 수 있었다.

원고를 집필하면서도 비슷한 경우가 많았다. 머리가 가장 맑은 아침 시간대에 원고를 쓸 때가 많은데, 처음부터 잘 쓰려고 하면 타이핑이 좀처럼 이어지지 않는다. 좋은 원고로 마무리해야 한다는 생각에 매몰되면 글이 써지지 않는 법이다.

그래서 일단 정해진 글자 수에 맞춰서 쓰자는 마음으로 시작한다. 안 써지면 휴지통에 던져 넣으면 그만이라는 태도로 임하는 것이다. 사실 '휴지통에 던져 넣으면 그만이다'라는 생각으로 쓴 원고는 실제로 그런 수준의 글인 경우가 꽤 있다.

카레를 만드는 과정이라고 생각하자. 채소와 고기를 썰어 냄비로 던져 넣는 단계와 같은 것이다. 푹 끓여 쓸데없는 불순물을 걸어 내고 간을 하면 맛있는 카레가 완성되듯, 편한 마음가짐으로 써내려 간 원고는 좋은 소스가 되어 전체 작업물의 밑바탕이 되는 경우가 많다. 처음부터 잘 쓰겠다고 마음먹은 것보다 더 빠르고 만족스러운 결과물이 되어 줄 것이다.

POINT

회의는 '필요한 말만 하면 되는' 정도로.
문턱을 낮추면 의욕이 불타오른다.

방법만 알면

의욕은 따라오기

마련이다

●

뜬금없지만 가족 누군가가 당신에게 다음과 같은 말을 했다고 상상해 보자.

> A 패턴 : "가끔은 식사 준비 좀 해 봐. 밥만 지으면 돼, 거기에 즉석 카레나 해서 먹자."
>
> B 패턴 : "가끔은 식사 준비 좀 해봐. 파에야나 에스카르고 같은 거 만들어 주면 좋겠어."

당신이 들었을 때 더 의욕이 나는 패턴은 무엇일까? 요리를 좋아하거나 요리를 잘하는 사람이라면 몰라도 대부분은 A 패턴이 아닐까 싶다. 적어도 나는 A 패턴이다. 상대방이 파에야를 원한다는데 만드는 방법을 몰라 당황스러워울 것이다. 이처럼 '방법을 몰라서' 의욕이 떨어지는 경우는 의외로 많다. 아이에게 공부를 하라고 해도 말을 듣지 않는다면 그건 아이가 공부하는 방법을 모르기 때문일 수 있다.

방법에 대한 이해는 장기적인 업무일수록 특히 중요하다.

앞서 설명했던 '당장 할 수 있는 것'을 하거나 '내키지 않는 일'을 먼저 하는 의욕 증진법은 짧은 시간에 해치울 수 있어 야 한다는 공통점을 지닌다. 하지만 긴 시간 집중력과 노력을 요구하는 업무는 다르다. 먼저 확실하게 방법을 깨우치는 것 이 필수적이다.

고등학교 시절 공부를 시작하려던 때도 마찬가지였다. 사 건을 치르고 새로운 사람이 되겠다고 다짐을 했지만, 생각 이 상으로 막막했다. 공부와는 너무도 긴 시간 담을 쌓고 지내 왔기에 도대체 어떻게 시작을 해야 하는 건지 전혀 모르고 있 었다. 교과서나 문제집을 펼쳐 보아도 눈앞이 캄캄할 뿐이었 다. 그래서 먼저 방법을 아는 사람을 찾기로 했다. 반에서 성 적이 좋은 친구에게 순수하게 물어보았다.

"선생님이 시험에 나온다고 말한 부분만 죽어라 외우면 돼."

세상 누구나 아는 비법이지만 당시의 나는 그 방법조차 신 선하게 느껴졌다. 그 친구는 중요 부분을 표시한 노트를 빌 려주었고, 나는 그걸 모조리 암기하기 시작했다. 실제로 시험 점수는 확연하게 올랐다. 하지만 점수는 중요하지 않았다. 점 수보다 나를 더 놀라게 한 것은 공부라는 것에도 명확한 방법 이 있다는 깨우침이었다. 내가 공부를 못했던 이유는 단순히 방법을 몰랐을 뿐이라는 것을 몸으로 느낀 기회였다. 방법을 아는 것이 곧 자신의 가능성을 넓히는 것이라는 사실을 깨닫는 순간이었다.

세상 모든 일이 같으리라는 확신도 그때 얻게 되었다. 그 후 일단 방법을 알기 위해 정보를 수집하는 행동은 새로운 일에 도전할 때 가장 먼저 하는 중요한 단계가 되었다. 구체적인 방법을 알면 나머지는 실천으로 증명하면 된다. 뒤돌아보면 의욕이 저절로 따라오고 있을 것이다.

POINT

정보를 수집하고 방법을 깨우치자.
의욕은 저절로 따라올 것이다!

12

방법을 모르면

롤모델을

흉내 내라

●

방법을 몰라서 의욕이 생기지 않을 때는 이미 그 분야에서 성공한 사람을 흉내 내는 방법도 있다. 어떻게 해야 할 수 있을지에 대한 고민보다 '일단 흉내부터 내자'라고 기분을 전환하는 것이다.

한 달에 한 번 하는 라디오 영어 프로그램 진행을 맡았을 당시, 나는 라디오라는 매체와 라디오 프로그램 진행이라는 일에 대한 지식과 경험이 전무한 상황이었다. 그저 재미있어 보여서 제의를 받아들인 것에 불과했다. 첫 방송을 시작하기 전까지 일단 모든 라디오 프로그램을 닥치는 대로 들어 봤지만 뭔가 부족한 느낌이 들었다. 듣는 것만으로는 어떻게 하면 청취자를 즐겁게 할 수 있는지 그 요령을 파악하지 못했고, 부스 안에 들어갔을 때 어떻게 행동해야 할지도 전혀 모르는 상태였다. 당시에 듣던 여러 프로그램 중에 후쿠야마 마사하루 씨의 방송은 낮은 목소리로 차분한 말을 하지만 유머가 넘쳐서 듣다 보면 무심코 웃어 버리게 되는 방송이었다. 그래서 흉내를 내기로 했다. 후쿠야마 마사하루처럼.

어떻게 하면 좋을지 이것저것 생각하기보다 '흉내 내면 된다' 라고 마음먹으면 훨씬 생각이 편해지는 것을 느낄 수 있다. 심리학에서는 이러한 흉내 내는 행위를 모델링(Modeling, 모방 학습)이라고 하는데, 이 모델링은 인간이 성장하는 과정에서 중요한 역할을 한다고 알려져 있다. 흉내 내기는 직관적으로 느껴지는 어감만큼 나쁜 행동이 아니다. 더군다나 인간은 누구든지 남 앞에서 자신의 있는 그대로의 모습을 드러내기를 두려워한다. 특히 여태껏 경험한 적도 없고 자신감도 없는 상황이라면 '진짜 자신'을 드러내기란 한층 무섭기 마련이다.

스위스의 정신과 의사이자 심리학자였던 칼 구스타프 융(Carl Gustav Jung)은 인간이 사회나 환경에 따라 그에 적응하기 위한 역할을 연기한다고 말했다. 그는 인간의 외적 측면을 '페르소나(persona)'라고 명명했다. 일할 때에는 직장인의 '얼굴', 아내와 자녀가 있는 집에 돌아가면 남편과 아빠의 '얼굴', 본가에 돌아가면 아들의 '얼굴'이 되듯이, 인간은 원래 상황에 따라서 자신을 연기한다는 것이다.

그러니 어색하다고 생각하지 말자. 모두가 모인 회의에서 프레젠테이션이나 발언을 할 때, 긴장한 나머지 시작해 보기도 전에 실패할 것 같다고 느낄 수도 있다. 당연히 의욕이 꺾일 것이다. 이럴 때 흉내를 내보라. 있는 그대로의 나를 감추고, 같은 상황에서 잘 대응했던 타인을 떠올리는 것에서 시작하면 된다. "이전 회의에서 흐름을 주도하던 타 부서의 대리가 기억난다. 넉살 좋게 빠져나가는 센스가 대단했지만 핵심을 잃지 않았다. 여러 논의가 나왔는데도 차분히 상황을 정리하던 과장도 인상 깊었다. 사람의 이야기를 잘 듣는다는 인상을 남겼다. 방금 전 발표에서 비록 갑작스런 질의응답에 긴장했지만 있는 그대로를 충실히 말한 자신의 동기도 대단했다."라는 식으로 말이다.

흉내 내기로 그들의 복제품이 되는 것이 아니다. 서로의 개성이 있기에 아무리 노력해도 그 사람들과 같아질 수는 없다. 긴장을 풀고 의욕을 증진시키기 위해 자신의 새로운 '얼굴'을 추가해 보도록 하자.

POINT

방법을 모를 때는
성공한 사람을 흉내 내자.

13

가벼운 산책으로

졸음과 이별하기

●

'딱 지금처럼만 하자. 오후에도 이대로 가는 거야.'

어림없는 소리다. 누구나 오전에는 또렷한 정신을 유지할 수 있다. 하지만 점심 식사를 끝낸 오후 1~2시 무렵 거부할 수 없는 졸음에 굴복하는 경우가 많다. 특히 점심으로 당질이 많이 함유된 음식을 먹으면 혈당치가 지나치게 높아져서 이를 낮추려고 하는 체내 작용이 졸음을 유발하게 된다. 또한 소화 활동을 위해 혈액이 위에 우선적으로 운반되기 때문에 뇌로 가는 혈류가 부족해져 졸음이 오기도 한다.

다시 말해 점심 식사 후에 밀려오는 졸음은 일반적인 것이다. 극히 일반적인 인간의 생리현상이므로 어떻게 할 방법이 없다. 졸음이 쏟아지는 와중에 어떻게든 열심히 일하자며 정신력으로 이겨 내려고 하는 건 애초에 무모한 짓이다. 억지로 해도 업무 효율이 드라마틱하게 오르지도 않는다.

이런 경우에는 차라리 몸을 움직이는 것이 좋다. 가장 추천하는 방법은 그린 엑서사이즈(green exercise), 즉 숲 속을 걷는 것이다. 약간의 자연이라도 좋으니 초목이나 꽃이 있는 공원

등에 가서 신선한 공기를 들이마시며 5분~10분 동안 걸어 보자. 신선한 산소가 몸속을 순환하면 뇌도 활력을 되찾게 된다. 꼭 공원이 필요한 것은 아니다. 일단 밖에 나가서 걷기만 해도 좋다. 편의점에 커피를 사러 가기만 해도 머릿속이 상쾌해지는 법이다.

영국 에식스 대학교에서는 남녀 1,252명을 대상으로 '숲속에서 걷기'와 '공원에서 자전거 타기' 등이 정신에 어떤 영향을 주는지 확인해 보았다. 그 결과 자연 속에서 하는 운동은 하루에 고작 5분이라도 스트레스를 눈에 띄게 줄인다는 사실이 드러났다. 특히 물, 예를 들어 호수나 강이 있는 장소에서 운동하면 그 효과가 더욱 높아진다고 한다. 책상 앞에서 기지개를 피거나 사내에서 스트레칭을 하는 것보다는 무조건 밖으로 나가는 것이 좋다. 익숙한 장소에서 졸음을 쫓아 버리는 것은 쉽지 않다. 환경을 바꾸고 신선한 공기를 마시며 자연과 접촉해 보자. 나가는 시간이 아깝다고 느껴지거나, 조금 더 앉아서 집중해 보는 것이 좋다고 느껴질 수도 있다. 하지만 집중력이 떨어진 상태로 자료를 끝없이 고쳐 대는 것보다는 낫다. 그렇게 효율이 떨어지다 보면 최악의 경우 오후를 고스란히 날릴 가능성도 있다. 과감히 흐름을 끊고 다시 오전의 의욕을 되찾는 방법은 단 5분간 자연에서 시간을 보내는 것이면 충분하다.

졸음뿐 아니라 중대한 발표가 있을 경우에도 같다. 아니, 업무의 어떤 부분에서도 효과를 볼 수 있을 것이다. 집중력도 떨어지고 소극적으로 행동하기 쉬울 때 자연에서의 짧은 운동으로 마음을 정리해 보자.

POINT
졸음은 정신력으로 극복하는 것이 아니다.
몸을 움직여 신선한 공기를 들이마시자.

14

오후 4시에는

타임 어택으로

일하라

●

저녁이 가까워질수록 일에 대한 집중력이 떨어질 때가 있다. 퇴근이 눈앞에 있기 때문이다.

저녁때가 되면 몸과 머리가 전부 피곤해져서 사고력이 둔해지는 현상을 심리학에서는 '황혼 효과'라고 한다. 또한 미국 워싱턴 대학교 경영대학원의 크리스토퍼 M. 반스(Christopher M. Barnes) 팀의 연구에서는 '인간은 에너지가 떨어지면 윤리관이 저하된다'라는 결과가 나왔다. 특히 아침부터 집중해서 열심히 일한 날 저녁에 더 이상 일하고 싶지 않다고 느끼는 것은 지극히 자연스러운 일이라고 할 수 있다.

그러나 현실적으로는 저녁에 의욕이 떨어졌다고 해서 일을 내팽개칠 수는 없는 노릇이다. 내 일은 누가 해 주지 않는다. 의지력으로 자신의 기분이나 마음을 바꾸기란 어렵다. 집중하지 못하는 자신에게 정신적으로 '집중하자'라고 애를 써 봐도 패배가 뻔히 보인다. 그러니 기분을 제외한 다른 부분부터 손을 대 보자.

가장 손쉬운 방법은 환경을 바꾸는 것이다. 나는 사무실에서 한창 일하다가 막히는 느낌이 들면 근처 카페로 도망치고는 한다. 회사를 빠져나오기 어려울 때는 회의실 한구석을 빌리거나 휴게실을 사용해도 좋다. 카페에 갈 경우에는 도착하고 30분 내에 남은 일을 끝내기로 계획한 뒤 그 일에 필요한 물건만 들고 간다. 가방도, 개인 물품도 전부 놓고 간다. 아무리 '이 일만 해야지'라고 굳게 결심해도 쓸데없는 물건을 들고 가면 유혹에 지고 만다. 모두가 경험해 봤을 테지만, 자신의 의지력만큼 못 미더운 것도 없다. 그래서 쓸데없는 행동을 못 하게 하는 구조를 만들어 놓는 것이 중요하다.

핸드폰 역시 특별히 중요한 연락이 올 게 아니라면 놓고 가는 걸 추천한다. 핸드폰은 대부분 불가피함을 방패로 삼아 가져가는 경우가 많다. 실제로 갑작스런 업무 관련 전화나 소통을 해야 할 때가 있을 것이다. 하지만 핸드폰은 다른 어느 물품보다 더 많은 집중력을 앗아간다. 퇴근 전 짧막하고도 강력한 집중력을 원한다면 과감히 놓고 가는 것도 확실한 방법이 될 수 있다.

시간을 확실히 정하는 것도 필수적이다. 30분 혹은 1시간을 정하여 그 시간 이후에는 사무실로 복귀하는 것을 목표로 하는 것이다. 게임에서의 '타임 어택(Time Attack, 시간 안에 반드시 게임을 끝내야 하는 모드—옮긴이)'을 차용한 방법이다. 사실

우리는 그 시간만큼만 업무를 하는 것이 목적이 아니다. 의욕을 끌어올리고 집중력을 되찾아 하루 업무를 잘 마무리해야 한다. 하지만 새로운 목표를 설정하여 스스로를 속이면, 사람은 바뀐 목표를 달성하기 위해 의욕을 내게 된다. 그것도 단 30분이라면 누구나 쉽게 죽은 의욕을 되살릴 수 있다. 이처럼 디지털 게임의 요소와 특징을 교육이나 비즈니스 등 다른 분야에 응용하는 것을 '게이미피케이션(Gamification)이라고 한다. 일을 타임 어택으로 처리하는 것도 업무의 게이미피케이션의 일종이라고 할 수 있다.

POINT

퇴근 전, 환경을 바꾸고
제한 시간을 정한 뒤 신나게 달리자.

합격을 위한
의욕 공부법

1

낮은 목표부터

시작하라

●

산 지 얼마 안 된 새 참고서나 문제집을 펼치는 순간에는 의욕 넘치게 다 풀어 버리겠다는 기분이 들기 마련이다. 새로운 공부를 시작하려 할 때는 더더욱 그렇다.

내가 대학교 입시를 준비할 때 그랬었다. 고등학교 3학년 때 리쓰메이칸 대학교나 도시샤 대학교를 목표로 했지만 담임선생님은 두 학교 모두 지금의 성적으로는 어림도 없다고 했다. 그에 반발하듯 반드시 합격하리라는 투지를 불태웠고 새 참고서와 문제집을 사면서 더더욱 의욕을 북돋웠다.

그렇게 타오르던 불은 대체로 다음과 같은 과정을 통해 사그라진다.

서점에서 문제집을 산다 → 집에 돌아와 의욕적으로 문제를 푼다 → 3일 정도는 계속 한다 → 차차 귀찮아진다 → 내일 풀면 된다 → 펼쳐 보는 날이 줄어든다 → 산 것도 잊어버린다.

똑같은 경험이 있나? 그걸 몇 번이고 반복하지 않았나? '이번에는' 혹은 '기필코' 등의 말들을 반복하면서 문제집을 사면 의욕이 최대치에 도달하기는 한다. 서점에서 카드를 긁고 결제하는 그 순간 이상으로 올라가지 않는 것이 문제다. 그리고 위의 프로세스가 반복되고, 학습에는 진전이 없다. 그럼 어떻게 해야 새로운 참고서나 문제집을 샀을 때의 의욕적인 상태를 유지할 수 있을까?

고등학생 때 작심삼일 사이클을 반복하지 않기 위해 세운 작전 중 하나는 공부의 목표를 과감히 낮추는 것이었다. 쉬운 문제를 풀라는 것이 아니다. 일단 문제집을 펼쳐서 전날에 푼 페이지를 훌훌 넘겨 본다. 목표라고 할 수도 없는 수준의 이것이 목표가 되는 것이다. 그냥 훌훌 넘겨 보기만 해도 목표가 달성되니 그걸로 그날의 공부를 '진짜' 끝내 버려도 상관없다. 하지만 페이지를 넘기다 보면 그간 해 왔던 공부가 머릿속에 되새겨지고 스스로 공부의 시동을 걸고 있는 자신을 발견하게 된다. 일단 시작만 하면 분위기를 타니 의욕도 따라오게 된다.

인간이 몸이나 머리를 써서 어떤 작업을 시작하면 의욕이 저절로 생겨 계속하게 되는 '작업 흥분'은 앞에서도 설명한 바 있다. 여기에서도 마찬가지로 작업 흥분이 일어나는 것이다. 낮게 설정한 목표가 계기가 되어 주기에 참고서나 문제집뿐 아니라 꼭 읽어야 하는 책의 경우에도 효과적인 방법이다. 특히 양이 많은 두꺼운 책은 전부 읽겠다고 하는 순간 변명을 구상하며 도망치게 된다. 그럴 때는 과감히 목표를 낮추도록 하자. 세 줄 읽으면 성공. 일단 재미있어 보이는 페이지 한 장 읽으면 성공. 거기에서 멈춰도 OK. 그렇게 시작만 해도 OK.

POINT

낮은 목표라도 시작만 하면 의욕은 지속된다.
멈춰도 되고, 계속 가도 된다.

2

하루에

세 줄만 공부하면

충분하다

●

서점에서 문제집을 산다 → 집에 돌아와 의욕적으로 문제를 푼다 → 3일 정도는 계속 한다 → 차차 귀찮아진다 → 내일 풀면 된다 → 펼쳐보는 날이 줄어든다 → 산 것도 잊어 버린다.

앞서 소개한 '결심이 작심삼일로 끝나게 되는 패턴'이다. 그리고 이 작심삼일에 빠지지 않기 위해서 '훌훌 넘겨 보기만 하면 된다'고 하는, 목표라고도 부를 수 없는 엄청 낮은 수준의 목표를 설정하라는 조언을 살펴보았다. 이것에 대해서 조금 더 생각해 보자.

작심삼일로 끝나는 행동을 여러 번 반복하면 '늘 어중간해서 좋지 않다', '지속력이 없다'라고 자신을 질책하게 된다. 하지만 사실 작심삼일 패턴은 인간의 뇌가 지닌 특성에서 비롯된다. 그렇기에 누구나 쉽게 빠지는 패턴인 것이다.

왜 이런 패턴을 따르게 되는 것일까? 이럴 때의 '기분'에 주목해 보자. 새 문제집이나 참고서를 샀을 때는 누구나 자격증 취득이나 높아진 역량을 상상하며 의욕이 넘친다. 실제로 집에 돌아와 문제에 집중하게 된다. 처음에는 성과를 내겠다는 의지력이 지속되기 때문이다.

그렇게 3일이 지나면 점점 귀찮아져서 '이런다고 실력이 늘까? 이걸 한다고 대단한 성과가 나올까?'라는 생각이 머릿속을 스치며 결국 문제집을 덮게 되는 패턴이다.

이렇게 기분이 변화하는 배경에는 '현상 유지 편향(status qua bias)'이라는 심리가 작용하고 있다. '현상 유지 편향'이란 어떤 새로운 일을 하면 손해를 볼 수도 있다는 불안으로 인해 기존의 현상을 유지하려고 하는 것을 말한다.

예를 들어 일본에서는 주식이나 채권 등에 투자하는 사람의 비율이 서양과 비교하면 매우 낮은데, 그 이유는 여태껏 일본인에게 투자하는 습관이 없었기 때문이라고 할 수 있다. 대부분의 일본인에게 투자는 경험하지 못한 분야이다.

물론 투자에는 위험이 따르기 마련이지만 아무것도 하지 않으면 일단 손해는 보지 않는다. 그러면 투자라고 하는 '새로운 일'에는 손대지 않고 현상을 유지해야겠다고 생각하게 된다.

일본인뿐 아니라 모든 인간들에게 이 현상 유지 편향의 심리는 매우 단단하게 작용한다. 인간은 손실을 회피하고 싶어하는 마음이 매우 강해서 이익과 손실이 눈앞에 놓인 경우라도 이익을 얻으려고 하기보다 손실을 회피하려고 하는 사람이 많다.

(A) 지금 당장 ○○에 가서 신청하면 1만 원을 받을 수 있다.
(B) 지금 당장 △△에 가서 신청하지 않으면 은행 계좌에서 1만 원이
    인출된다.

(A)와 (B) 중 반드시 한쪽만을 선택해야 한다고 해 보자. 어느 쪽을 골라도 내 계좌의 손익은 제로다. 그럼에도 사람들은 대부분 (B)를 선택하려고 한다. 손해를 회피하고 싶다는 마음이 강하게 작용하기 때문이다. 현상 유지 편향의 효과가 발현되는 상황은 일상 속에서도 다양하게 찾아볼 수 있다.

다시 새 문제집을 삼일 안에 포기해 버리는 이야기로 돌아가 보자. 문제집에 손을 대지 않게 되는 이유는 현상 유지 편향으로 인해 '이 문제집을 풀어서 과연 정말로 실력이 늘까?'라는 마음이 생기기 때문이다. 애써 풀었는데 실력이 늘지 않으면 문제집 풀이에 들인 시간과 노력이 손해를 보게 되니, 행동해서 손해 볼 바에는 그만두자고 생각해 버리는 것이다.

하지만 한번 생각해 보자. 손해를 볼 가능성은 새로운 일을 했을 때만 있는 것이 아니다.

(A) 새로운 일을 시작했기 때문에 생길 수 있는 손해

(B) 새로운 일을 시작하지 않았기 때문에 생길 수 있는 손해

이 두 가지 중에서 '현상 유지 편향'이 작용하면 후자의 손해는 간과하기 쉽다. 문제집을 예로 들어 보면 문제집에 몰두한 탓에 생기는 손해에 대해서는 열심히 생각해도, 문제집에 몰두하지 않은 탓에 생기는 손해까지는 잘 생각이 미치지 않는다. 하지만 현실적으로는 후자 때문에 생기는 손해가 더욱 크다. 확실한 목표와 성취를 위한 공부였을 테니, 그것을 이뤄 냈을 때와 이루지 못한 지금의 차이를 손해로 계산한다면 차이가 막심할 것이다.

이 확고한 '현상 유지 편향'을 깨 버리려면 이 심리의 밑바탕이 되는 부담을 없애는 것이 중요하다. 이 문제집으로 성과를 내야 한다는, 점수를 올려야 한다는, 자격증을 무조건 따야 한다는 마음을 줄여야 한다. 성과를 향한 집착에는 성과가 나오지 않았을 때의 손해가 덩달아 따라오기 때문이다. 문제집을 펼쳤을 때 훌훌 넘겨 보기만 하면 된다는 낮은 목표도 이와 연계된다. 몇 장 넘겨 봐서 생기는 손해는 손해로 인지되지도 않을 테니까.

그러니 세 줄만 읽어 보자. 훌훌 넘겨 보거나 세 줄만 읽기

로 했는데 유의미하게 진도가 나갔다면 그날은 자신이 '현상 유지 편향'에게 승리한 것이다. 공부를 계속하려면 날마다 승리를 거듭해 나가는 게 중요하다. 그 연장선에 합격과 자격증 취득과 같은 '우승'이 기다리고 있을 것이다.

POINT

손해를 보는 것이 싫다면
'손해 보지 않는 목표'를 세우도록 하자.

책은 언제나
눈에 보이는 곳에
놓을 것

●

공부를 지속하기 위한 요령 중 하나는 공부에 관한 참고서나 문제집을 책꽂이나 서랍에 '치워 두지 말고' 언제나 눈에 보이는 곳에 꺼내 놓은 채로 두는 것이다. 가능하면 거실 테이블이나 식탁 등 '방해되니까 치워'라는 말을 들을 만한 장소, 그 정도로 눈에 자연스럽게 들어오는 곳에 놓는 것이 가장 좋다. 늘 보이는 곳에 놓으면 공부를 해야 한다는 의식과 마음가짐이 생길 확률이 높아진다.

이는 앞에서도 설명했지만 인간이 사물에서 의미를 찾아 행동이 유발되는 어포던스라는 관계성이 존재하기 때문이다. 참고서가 눈앞에 있으면 한번쯤은 펼쳐 볼 수 있다. 그리고 세 줄을 읽든 훌훌 넘겨 보든, 공부를 위한 긍정적인 행동을 시작해 볼 수 있다. 눈앞에 있어도 펼쳐 보기 힘든데 보이지도 않으면 오죽하겠는가.

이때 늘 눈에 잘 들어오게 하려면 쓸데없는 물건들을 치워 놓아야 한다. 책상 위에 일부러 꺼내 놓아도 다른 물건과 섞여 버리면 의미가 없고 늘 눈에 보이도록 해 두면 그 존재를 잊어버리지도 않게 된다. 반대로, 다이어트를 위한 운동 기구나 운전면허증이 장롱 속에 틀어박혀 기억에서 사라진 경험은 누구에게나 있지 않은가.

어떤 물건이나 사람에 대한 접촉 횟수가 늘어나면 그 대상에 호감을 느끼는 현상을 심리학에서는 '단순 노출 효과(Mere Exposure Effect)'라고 한다. 문제집을 늘 눈에 띄는 곳에 놓으면 문제집과의 '접촉' 기회가 늘어나 공부에 대한 거부감이 줄어들거나 친근감이 드는 효과를 기대할 수 있다.

언제나 있어야 할 곳에 있는 물건이라는 생각이 들면 쉽게 펼쳐 보게 된다. 그리고 그 노출 효과를 통해 공부를 하는 행동으로까지 습관이 이어질 수 있다. 사실 공부를 한다는 액션으로만 이끌어 준다면 문제집의 '익숙한 위치 선정'은 자신의 할 일을 다 한 것이다.

같은 논리로, 암기해야 하는 공부는 늘 근처에 암기 자료를 두는 것이 외우는 데 도움이 된다. 단순히 그 접촉 횟수를 늘리는 방법은 암기의 요령 중 하나이기도 하다. 접촉 횟수가 늘면 저절로 머릿속에 남기 때문이다.

학창 시절에 가장 자주 사용한 참고서는 일부러 두 권씩 사서 집에 한 권, 또 한 권은 학교 책상 속에 넣어 둔 적이 있다. 처음에는 무거워서 매일 들고 다니기 귀찮다는 게 이유였지만, 집에서나 학교에서나 모르는 문제에 부딪히면 즉시 펼쳐 볼 수 있어 편리했다. 늘 곁에 있어서 곤란할 때 바로 꺼낼 수 있었다. 막 써 대서 너덜너덜해졌지만 지금도 그 참고서를 보면 파트너 같은 친근감이 들곤 한다.

POINT

참고서나 문제집은 자연스럽게
눈에 들어오는 곳에 일부러 놔둔다.

4

적극적으로

감시관을

만들어라

●

자유시간이 충분한 휴일 아침은 가만히 있어도 의욕이 불타오른다. 그런 날은 오늘은 실컷 공부하겠다며 각오를 다질 수 있다.

3시간 이상 그 기세가 이어진다면 스스로에게 칭찬을 해도 좋다. 하지만 기껏해야 오전을 꽉 채우는 정도에서 기세는 꺾일 것이다. 점심을 먹고 오후 2시쯤이 되면 슬슬 피로해지고 집중력이 떨어지게 된다. 그래도 모처럼 시간도 많고 정신적으로도 여유로운 휴일인데 여기서 공부를 끝낼 수는 없다. 이때 추천하는 방법은 집 근처 카페로 도망쳐 보는 것이다.

이때 카페로 걸어가거나 가벼운 조깅을 하며 가는 것이 중요하다. 카페까지 가는 도중에 의식적으로 몸을 움직이는 것이다. 공부로 지쳤을 때는 스트레스도 쌓인 상태이기에 카페에 도착하기 전까지 간단한 운동으로 그 스트레스를 푼다는 뜻이다. 미국 플로리다 애틀랜틱 대학교의 심리학 연구에서도 5분~10분 정도 빠른 걸음으로 걸으면 스트레스가 줄어든다는 결과가 나온 적이 있다.

도망치는 곳이 카페라는 것도 중요하다. 카페에는 다른 손님이나 점원이 있는데, 그들은 좋은 의미에서의 감시관이 되어 준다. 공부 도구를 펼쳐 놓고 계속 스마트폰만 보거나 테이블에 엎드려서 잠만 자면 주위 사람들의 시선이 의식될 것이다. 실제 자신을 바라보거나 신경을 쓰고 있는지 아닌지는 상관없다. 그들은 우리를 향해 '책만 펴 놓고 손도 안 대네'라고 생각하고 있다고 생각해 보자. 주위 사람들이 보고 있는 상황에서는 그러한 의식들이 집중력을 높여 줄 수 있다.

　이는 심리학의 '호손 효과(Hawthorne Effect)'가 작용하는 상황이다. 인간은 남에게 주목받으면 그 기대에 부응하려 해서 쉽게 성과를 낼 수 있다는 심리 효과를 호손 효과라고 한다. 이 효과는 1920년대부터 1930년대에 걸쳐서 미국 하버드 대학교 경영대학원의 엘튼 메이요(Elton Mayo) 교수팀이 일리노이 주의 호손 공장에서 실시한 실험 과정을 통해 입증되었다.

　실험은 공장의 밝기 등을 비롯한 환경, 급여 등의 노동 조건이 작업원의 생산성과 어떤 관련이 있는지를 조사하기 위해서 실시되었다. 그러나 연구팀은 공장 내부를 어둡게 하거나 노동 조건을 낮추는 등 생산성이 떨어질 만한 상황을 조성하였음에도 생산성이 평소보다 향상된 것을 확인할 수 있었다. 그 원인을 조사해 보니 생산성이 오른 것은 '이 실험을 위해서 공장에 파견한 조사원'의 존재 때문이라는 것이 드러났다. 자신이 관찰되고 있음을 인지하자 업무의 효율이 오른 것이다.

물론 카페에 있는 손님은 서로를 감시하는 존재가 아니다. 하지만 자신을 제외한 손님의 행동이 신경 쓰일 때가 있다. 그런 생각이 드는 존재가 있으면 집중력도 더욱 높일 수 있다.

또 카페에서는 '마감 효과(Deadline effect)'도 기대할 수 있다. 카페에 몇 시간이나 앉아 있을 수는 없다. 물리적으로는 가능하지만 당연히 다른 사람의 눈총을 받는 행위다. 그러니 제한 시간을 만들어 효율을 올리도록 하자. 익숙하지 않은가? 앞서 보았던 타임 어택을 통한 능률 향상도 마감 효과의 일종이다. 카페는 자신이 직접 마감 시간을 설정하기에 딱 좋은 장소라고 할 수 있다.

보내는 시간이 즐겁다고 느끼는 카페를 고른다

이따금 공부에 대한 성취욕이 떨어질 때가 있다. 공부를 하더라도 어떤 일을 기대할 수 있는지 알 수 없을 때라든가, 그 성취에 대한 의미가 살짝 가벼워졌을 때가 그렇다.

이를테면 똑같이 토익 900점을 목표로 하는 사람 두 명이 있다고 하자. 한쪽은 이 목표를 달성해서 미국에 있는 ◇◇사의 면접을 보려 하고, 그곳에서 영화 제작 일에 종사하는 것을 꿈으로 갖고 있는 사람이다. 다른 한쪽은 그냥 취직 활동에 유리하다고 생각하는 사람이다.

직관적으로 알 수 있겠지만 두 사람이 가진 토익 공부에 대한 의욕은 그 깊이가 다르다. 전자는 자신의 미래에 있을 가슴 뛰는 일을 구체적으로 그리고 있는 사람이고, 후자는 그 기대감이 있는지 없는지조차 모호한 상태이다. 전자의 경우 아마 어떤 카페에서든 카페 효과를 기대할 수 있을 것이다. 하지만 후자는 애초에 공부에서 매력을 느끼지 못하기 때문에 카페 효과가 딱히 나타나지 않는다.

만약 본인이 후자의 사람이라면 또 다른 대책을 제안할 수 있다. 카페에서 보내는 시간 자체를 자신에게 주는 보상으로 삼는 방법이다. 똑같은 카페라도 그 분위기는 천차만별이고, 점원과 고객이 소통하는 정도도 다르다. 점원은 그저 물품과 환경을 제공할 뿐이라는 카페가 있는가 하면, 고객과 적극적으로 소통하고자 하는 카페도 있다. 며칠에 걸쳐 가면 "요즘 자주 오시네요."라고 짧게 말을 건네거나, 긴 시간 가지 않으면 "오랜만에 오셨네요."라며 인사하는 카페도 있다. 어느 쪽이건 자기 취향에 맞는 카페가 편안하게 느껴지면 된다. 그만큼 이곳에서는 기분 좋게 보낼 수 있으니 공부도 잘 되리라는 마음이 쉽게 들 수 있다.

공부하는 것 자체에 매력을 느끼지 못하는 사람은 내발적 동기부여가 약하다고 할 수 있다. 그런 경우에는 외발적 동기부여를 적절히 활용하도록 하자. '카페에서 기분 좋게 보내기'가 그것이다. 그 카페에 가면 기분이 좋아지니 공부하겠다는 생각이 저절로 들 수 있도록 자신을 유도하도록 하자.

POINT

공부에 지치면 근처에 있는 카페로
빠른 걸음으로 걸어가자.

5

리드미컬하게
휴식과 공부를
조절하자

●

여름에는 바닷가 바캉스. 겨울에는 스키장. 사람마다 시기에 따른 휴식의 방법이 다르지만, 나의 경우에는 계절을 따지지 않고 축구를 즐기는 편이다. 일을 잊고 신나게 논 다음 날에는 일이 술술 풀리는 경험을 하곤 한다. 몸과 머리를 잘 쉬게 해서 스트레스를 발산했다는 증거다. 그만큼 휴식의 중요도는 무시할 수 없다. 그리고 이 원칙은 하루를 구성하는 시간에서도 동일하게 적용된다.

우리는 의식적으로 휴식을 취해야 한다. 그래야 집중력이 회복되고 의욕도 되살아나는 법이다. 하지만 한창 공부를 하던 중에 '피곤하니까 슬슬 쉬어야지'라며 되는 대로 휴식을 취해 버리면 그 효과가 반감되고 만다. 휴식 효과를 한층 더 높이려면 몸의 리듬을 고려해서 '집중 → 휴식 → 집중 → 휴식 → 집중'의 구성을 통해 반복적이고 리드미컬하게 간격을 두는 것이 중요하다. 예를 들어 '30분 집중하면 10분 휴식'처럼 집중 시간과 휴식 시간을 정해서 그 시간을 정확하게 지켜야 한다. 90분 이상 한 가지에 집중하기란 어려우므로 집중 시간

설정은 최대 90분으로 하되, 최소 15분이 되도록 하는 것이 좋다. 다음과 같이 집중 시간에 따라 휴식 시간의 길이도 결정해 보자.

90분 집중 → 20분 휴식

60분 집중 → 10분 휴식

30분 집중 → 5분 휴식

15분 집중 → 3분 휴식

위 기준은 인간의 체내시계(體內時計)와 관련된다. 인간에게는 졸음에 관한 2개의 체내시계가 있다. 하나는 하루 24시간을 주기로 하는 서캐디언 리듬(circadian rhythm)으로 밤에 졸리고 낮에 깨어 있도록 하는 리듬이다. 이것으로 인해 인간은 오전 2시~4시에 졸음이 절정으로 치닫게 된다. 또 하나는 90분을 주기로 하는 울트라디언 리듬(ultradian rhythm)이다. 최대 집중 시간을 90분으로 삼은 이유가 이 울트라디언 리듬 때문이며 이로 인해 사람은 90분마다 졸음과 각성의 리듬을 반복하게 된다. 우리는 스스로 잘 자각하지 못하지만 정신이 말짱한 낮에도 90분 간격으로 머리가 멍해지는 시간이 찾아온다. 사람마다 정도의 차이가 있겠지만 신체적인 최대 집중

시간은 졸음이 오기 전 90분인 것이다. 억지로 그 이상 힘내자고 다짐해도 큰 효율을 기대할 수 없는 이유다.

휴식 시간에는 앞에서 설명했듯이 몸을 빠릿빠릿하게 움직이는 것이 가장 좋다. 5분 휴식일 경우에는 가벼운 체조를 하거나 20분 휴식일 경우에는 근처 편의점에 물건을 사러 가는 것을 추천한다. 의자에 앉은 상태로 스마트폰만 만지작거리는 것도 기분전환에는 좋을 수 있지만 그 후의 집중력 회복을 고려해 본다면 직접 몸을 움직이는 것이 훨씬 낫다고 볼 수 있다.

POINT

자신만의 집중 시간과
휴식 시간을 정해서 실행하자.

6

공부를
계속하게 하는
'어중간한 끝내기'

●

집중할 때는 시간을 신경 쓰지 않는 것이 좋다. 스톱워치 같은 걸로 시간을 설정해서 문제에만 몰두하는 것이 바람직하다. 또 타이머가 울리면 문제를 풀던 도중이라도 즉시 손을 멈춰야 한다. 단순한 단답 혹은 계산 문제라면 그 한 문제 정도야 풀어도 좋지만 응용 등 복잡한 문제라면 풀던 도중이라도 그대로 내버려 두고 휴식을 취해야 한다. 이때 조금밖에 안 남았으니 페이지 끝까지 푼다든가, 적절한 부분까지 맞춰 푼다든가 하는 마음가짐은 절대 금물이다. '끝내기에 알맞은 정도'는 전혀 중요하지 않다. 중요한 것은 집중과 휴식의 정확한 시간이다.

"그렇게 하면 어중간하게 끝나서 엉망진창이 되지 않나요?"

어중간한 것이 좋다. 학생에게 쉬는 방법을 조언했더니 실제로 들었던 질문 안에 답이 있었다. 그렇게 해야 휴식 후에 돌아와서 마저 풀자는 마음이 커지기 때문이다.

인간에게는 완성된 내용보다 완성되지 않은 내용을 더 잘 기억하는 경향이 있다. 심리학에서는 이를 '자이가르닉 효과(Zeigarnik effect)'라고 한다. 조금만 더 하면 끝날 것 같은 일이 남아 있으면 이유 없이 신경 쓰일 때가 있다. 또는 친구들과 이야기하다가 "그건 별일 아니니까 신경 쓰지 마."라고 의미심장하게 끝맺으면 미치도록 궁금해지기도 한다. 원래 인간은 어중간한 것에 더 신경을 쓰는 법이다.

즉, 공부하는 도중에 '끝내기에 알맞은 정도'보다 시간 엄수를 우선적으로 생각하는 것은 다시 말해 일부러 어중간하게 끝내서 공부에 신경을 쓰이게 하는 것이다. 한 문제만 남았다, 장문 독해를 읽다가 말았다, 해설을 반만 이해했다…… 어떤 애매함이든 괜찮다. 그것이 기분 나쁜 찝찝함으로 이어지면서 다음에도 공부를 하고자 하는 의욕으로 바뀌어 줄 것이다.

자이가르닉 효과는 온 힘을 다 쏟지 않고 일부러 여력을 남겨 두는 방법으로 응용할 수도 있다. 나는 주로 원고를 쓸 때 이 방법을 사용하고는 한다. 온 힘을 다 쏟아서 이제는 더 쓸거리도, 짜낼 힘도 없을 정도로 글을 쓰면 다음 날 의욕이 뚝 떨어지기 마련이다. 그래서 일부러 더 쓰고 싶은 내용이 있어도 참고 어중간한 부분에서 끝낸다. 그러면 자연스럽게 빨리 다음 내용을 쓰고 싶다는 생각이 들어서 다음 날 상쾌한 마음으로 집필을 시작할 수 있다.

헬스장에서 운동을 할 때도 이 방법을 활용할 수 있다. 트레이닝을 시작하기 전에 시간과 메뉴를 정한다. 그때 트레이닝 메뉴 내용을 아슬아슬하게 끝낼 수 있을 정도의 제한 시간을 설정하는 것이다. 넉넉하거나 과도하게 빡빡한 계획은 피하는 게 좋다. 시간 안에 끝내지 못하고 어중간하게 마무리짓는 것이 '다음에는 제대로 끝내자'는 의욕으로 이어진다.

POINT
내일도 지속할 수 있도록
공부는 어중간한 부분에서 끝낸다.

7

공부 동력을
유지시키는
적절한 포상

●

디즈니 영화 〈알라딘〉의 지니는 주인의 소원을 어떤 내용이든 세 가지를 들어준다. 이 지니에게 소원을 빌 듯, 목표를 달성하면 자신에게 포상을 주는 것은 의욕을 향상시키는 데 확실히 효과적이다. 하지만 공부에 활용하려면 조금 주의해야 한다. 포상 내용에 따라서 오히려 공부할 의욕을 꺾어 버리는 결과가 나타날 수 있기 때문이다.

네덜란드 브레다 응용과학대학교의 제런 나빈(Jeroen Nawijn)을 비롯한 연구진은 인간이 여행을 계획할 때와 떠났을 때의 행복도에 관해 조사했다. 그 조사에 따르면 계획 단계에서는 평균 8주 동안 행복도가 높은 상태로 지속되는데, 여행이 끝난 후에는 행복도가 원래대로 빠르게 돌아와 길어 봤자 2주밖에 지속되지 않는다는 결과가 나왔다.

그럼 이 포상을 공부에 응용해 보자. 예를 들어 '이 문제집 다 풀면 그날은 치킨이다'라고 생각할 때는 행복도가 높게 유지되어 공부도 순조롭게 진행된다. 그러나 문제집을 다 풀고 치킨을 먹어서 만족하면 행복도는 급속하게 떨어진다. 그 음식이 자신에게 매우 매력적인 것이라면 두세 번 정도까지는 포상의 효과가 반복될 수 있지만, 그 이상 계속한다면 공부 의욕과의 유의미한 연계가 없어질 수도 있다.

앞서 자이가르닉 효과에서 말했듯 인간은 완성된 것에 대해 흥미를 점점 잃게 된다. 즉, '문제집 완료' → '포상'이라고 하면 이 포상을 받은 시점에서 행복도가 절정에 달하기에 다음 의욕으로 이어지지 않는다. 공부에서 좋은 성과를 내려면 의욕을 꾸준히 유지하는 것이 중요하기에, 포상을 얻어서 만족한 것으로 끝나 버리면 의미가 없다. 그래서 공부에 대한 포상에는 약간의 아이디어가 필요하다. 기쁘면서도 다음 의욕을 끌어내는 포상 말이다.

이를테면 나는 영어를 공부하는 학생에게 '디즈니 영화 한 편 보기'라는 포상을 종종 추천한다. 디즈니 영화에는 수많은 명작이 있는데 그중 자신이 가장 보고 싶은 영화를 더빙이나 자막 없이 보는 것이다. 디즈니 영화는 대사에 비교적 간단한 표현이 많이 쓰여서 영어 공부를 막 시작했더라도 쉽게 이해할 수 있다. 귀에 들린 영어가 이해되면 알아들었을 때의 성취감이 생길 수도 있고, 반대로 모르는 대사의 단어나 표현이 있으면 그것에 대한 의문도 생길 수 있다. 그것을 알고자 하는 의욕이 생길 것이다.

정리하자면 지니를 소환해 공부에 대한 포상을 주는 것은 좋은 일이다. 하지만 지니를 소환할 때는 그 자리에서 기쁨과 즐거움이 느껴지는 동시에 계속 자신의 동력을 유지시키는 포상을 바라는 것이 좋다.

POINT

'만족'뿐인 포상은 역효과가 난다.
다음 의욕으로 이어지는 포상을 준비하자.

꿈을 시각적으로

형상화하라

●

공부를 계속 하다 보면 막히는 순간이 반드시 찾아오게 된다. 휴식을 취하든 포상을 마련하든 목표가 작아야 좋다고 자신을 달래어 보아도, 의욕이 생기지 않을 수 있다.

그럴 때는 과감하게 참고서나 문제집을 치워 버리고 마음속으로 자신이 꿈꾸는 모습을 그려 보자. 지금 하는 공부를 마스터했을 때, 목표로 하는 자격증을 땄을 때 나는 어떻게 달라질까? 그때 나에게는 어떤 미래가 펼쳐질까? 생각이 끝났다면 자신이 꿈꾸는 미래의 이상형을 구체적으로 생각해서 종이에 적어 보자. 늘 사용하는 수첩이나 노트에 적거나 가능하면 방에도 붙여 보기도 하면서 말이다.

종이에 적으면 '생성 효과'가 발생한다. 생성 효과는 신경심리학의 개념으로, 이미지를 손으로 직접 적으면 머릿속에 그 이미지가 훨씬 더 쉽게 정착한다는 뜻이다. 다시 말해 종이에 목표나 계획을 적으면 한층 더 명확한 형태로 뇌에 입력된다는 말이다.

자신이 꿈꾸는 모습을 적을 때는 어느 방법을 사용하든 상관없다. 항목별로 나누어 적어 봐도 되고 자신을 주인공으로 소설을 써도 좋다. 글보다 그림이 좋은 사람은 그려도 좋다. 자신이 가장 열정적으로 할 수 있는 방법을 선택하면 된다. 머릿속에 그리던 꿈을 눈에 보이는 형태로 형상화한 결과물은 감정에 매우 긍정적으로 작용한다. 장래에는, 혹은 가까운 미래에는, 혹은 내일은 이러이러한 사람이 되고자 한다는 다짐을 시각화시켜 남겨 보는 것이다.

사진을 활용하는 방법도 있다. 내 제자들 중에는 케임브리지 대학교나 옥스퍼드 대학교 등 영국의 명문 사립대 입학을 목표로 하는 학생들이 많다. 대부분 그 목표를 달성하게 되는데, 내가 그 학생들에게 가장 처음 시키는 것은 해당 대학교에 대한 자료 조사이다. 대학교의 내부적인 면에 대해서도 조사하게 하지만, 핵심은 시각화다. 그 대학교가 영국의 어떤 도시에 있고 외관은 어떠한지, 또 그곳에는 어떤 학생들이 다니고 있는지도 조사해서 학교 자체를 구체적인 이미지로 그릴 수 있게 한다. 관련된 SNS도 조사하고, 눈에 띄는 곳에 사진을 게시하도록 하자.

지속적인 의욕 유지를 위해서도 이 방법은 효과적이다. 책상에 꿈과 관련된 사진을 붙여 놓거나 핸드폰의 배경 화면으로 설정하면 언제든 직접적으로 목표를 인지할 수 있다. 잠깐

의 번아웃을 탈피하는 것은 물론 지속적으로 의욕을 유지할
수 있게 해 준다. 무심코 바라본 꿈의 형상이 다시 공부, 혹은
공부 이외의 상황에서도 성취를 위한 마음을 복돋워 줄 것이
다. 그러니 꿈은 마음에만 그리지 말고 눈에 보이게 남겨 두
도록 하자.

POINT

공부를 해서 이루고 싶은 나의 꿈은 무엇인가?
꿈을 시각화해서 남겨 두자.

9

긍정적인 징크스를

만드는 의욕 아이템

●

좋아하는 문구나 액세서리 등을 자신만의 의욕 스위치로 만들 수도 있다. 누구에게나 '이걸 사용하면 공부가 잘 된다', '이게 옆에 있으면 기분 좋게 공부할 수 있다'라고 느끼는 물건이 있을 것이다. 그런 도구는 언제든지 의욕 스위치로 활용할 수 있다.

미국의 심리학자인 스키너(Burrhus Frederick Skinner)는 '조작적 조건 형성(operant conditioning)'라는 이론을 주장했다. 스키너는 비둘기를 실험용 상자에 넣고 관찰했다. 이 상자에는 조명이 비친 원형 창문이 있는데, 그곳을 비둘기가 부리로 쿡쿡 쪼면 일정 시간 먹이가 나오게끔 만들어 놓았다. 상자에 들어간 굶주린 비둘기는 처음부터 창문을 쪼는 행동을 하지는 않았다. 우연히 창문을 쪼아서 먹이가 나오는 일이 반복되자 그제야 자주 창문을 쪼게 되었다. 이처럼 어떤 행동('창문을 쪼는' 행동)에 따라 환경이 달라지는('먹이가 나와서 먹을 수 있게 되는') 것을 학습해서 그 행동을 하게 되는 것을 '조작적 조건 형성'이라고 한다.

학생 때 시험에서 반드시 사용하는 연필이 있었다. 특별한 연필은 아니다. 매우 일반적으로 판매되는 제조사의 육각형 HB 연필이었다. 그러다 어떤 시험을 보는데 스스로도 놀랄 정도로 재미있게 문제가 술술 풀린 적이 있었다. 손이 연필을 쥐고 멋대로 움직이는 것처럼 답안지에 답을 계속 채워 나갔다. 그리고 그 시험에서 사상 최고의 점수를 받을 수 있었다. 그때 사용한 연필 덕분에 고득점을 얻은 것 같아 그날 이후 시험 때는 반드시 그 연필을 사용하게 되었다.

평소에 선이 없는 '무지'로 된 노트를 사용하는 것도 같은 이유이다. 고등학교 시절 공부를 서서히 시작하던 무렵에 수업을 듣는 게 지긋지긋했던 이유는 선생님의 필기를 노트에 받아 적는 게 고역이었기 때문이었다. 당시에는 줄이 있는 노트를 썼는데 그 줄을 따라 칠판을 베끼다 보면 잘 써지지 않았다. 그러다 생각을 해 보니 굉장히 당연한 사실에 눈을 떴다. 칠판은 무지였다. 필기를 할 때 느낀 위화감은 노트 줄에 얽매였기 때문이라는 걸 깨달았고, 노트도 무지로 바꿔 보기로 했다. 실제로 무지 노트는 새하얀 지면이 널찍하고 자유로운 느낌이 들어서 마음껏 사용할 수 있었다.

지금도 기본적으로는 무지 노트를 사용한다. 미팅할 때나 혼자서 책상 앞에 앉아 아이디어를 낼 때도 늘 무지 노트를 마주 본다. 습관이란 무서워서, 이제 새하얀 노트를 보고만 있어도 의욕이 솟기 시작한다. 무지 노트는 나에게 '의욕 스위치'가 되었다고 할 수 있다.

나만의 의욕 스위치는 공부를 순조롭게 시작할 수 있어서 편리하다. 하지만 의욕 스위치는 우연성이 중요하다. 우연히 그것을 사용하거나, 우연히 무언가를 해서 긍정적인 체험에 성공했다는 과정이 필요하다는 뜻이다. 그것을 자신이 직접 계획해서 얻을 수 없는 법이다. 하지만 일이 잘 풀렸다는 경험을 했을 때에는 반드시 어떤 물건이 관련되어 있을 것이다.

긍정적인 체험을 했을 때는 즉시 자신이 어떤 물건을 사용했는지, 또는 무엇을 몸에 착용했는지 확인해 보자. 문구뿐만 아니라 그때 입은 옷이나 시계, 액세서리 등 어떤 것이든 좋다. 그런 물건이 당신만의 의욕 스위치가 되어줄 것이다.

POINT

'성공했다!'라고 느끼면 그 즉시 사용하거나
착용한 물건을 확인한다.

10

읽지 않은 책은

언제나 내 곁에

●

좀처럼 책을 읽을 수 없다고 고민하는 사람에게는 전자책보다는 종이책을 추천하고 싶다. 전자책은 그 책의 존재를 쉽게 잊어버릴 수 있기 때문이다. 물론 전자책은 이북 단말기나 스마트폰에 저장하고 다닐 수 있어 물리적인 공간을 차지하지 않기에 매우 편리하다. 하지만 반대로 말하자면 그건 읽어야 할 책 한 권이 다른 정보 속에 파묻히기 쉽다는 뜻이기도 하다.

나도 굳이 따지자면 '종이파'에 속하는 사람이다. 그래서 전자책을 구입하는 횟수가 적은데 가끔 킨들(아마존의 전자책 리더기—옮긴이)을 보다 보면 구매한 전자책들을 잊어버리는 경우가 종종 있다. 다른 책 사이에 파묻혀서 읽을 기회를 놓치는 것이다. 그래서 전자책은 주체적으로 책을 읽는 행동으로 이어지기 어렵다. 책을 환장할 정도로 좋아하는 사람에게는 물론 전자책도 좋다. 하지만 의식적으로 필요에 따라 책을 읽고자 하는 사람에게는 존재감이 있는 종이책이 좋다.

매일 아침 종이책 한 권을 그날 사용하는 가방 속에 쑤셔 넣자. 무겁지만 그 무게가 존재감을 한층 더 드러낸다. 가방 속에 있으면 물리적으로 눈에 띌 기회가 늘어나기도 하고, 접촉 기회가 늘어나면 행동할 확률도 올라간다. 책을 들고 다닐 때는 1분이든 2분이든, 아니 1초든 10초든 약간 짬 나는 시간이 있으면 책을 펼치도록 늘 유념하는 것이 중요하다.

하루 중 '짬'은 생각보다 많다. 역에서 전철이 오기를 기다리는 몇 분, 전철을 타고 이동하는 몇 분, 만나기로 약속한 상대방을 기다리는 몇 분, 점심시간에 음식이 오기 전까지의 몇 분 등 활용할 수 있는 시간은 의외로 많다. 이 틈에 책을 펴 보는 것이다. '몇 초밖에 되지 않는데 뭘 읽을까?' 혹은 '어차피 어중간하게 읽다가 말 텐데'라는 생각이 들 수 있다. 하지만 우리는 앞에서 '어중간'의 힘을 이미 살펴보았다. 자이가르닉 효과는 어디에서든 유효한 법이다.

책을 펼치면 고작 몇 초라도 텍스트가 눈에 들어온다. 또 거기에서 얻은 어중간한 정보 때문에 더 읽고 싶다는 생각이 독서를 이어 가게 해 준다. 개인적으로는 이 방법을 정기 구독하는 잡지를 볼 때 자주 사용하고 있다. 잡지는 기본적으로 존재감이 있는 편이지만 정기 구독하면 자동으로 보내 주기 때문에 다른 서류 속에 파묻히기 쉽고, 그러다 보면 직접 샀다는 감각이 점점 마비된다. 회사 직원이 저번 달 잡지도 아직 안 뜯어 보지 않았느냐고 물어서 새삼스레 깨달을 때도 있을 정도다. 그럴 때는 일단 그 잡지를 가방에 넣는다. 그렇게 만 하면 반드시 페이지를 넘겨 볼 기회가 생긴다. 처음에는 훌훌 넘기며 기사 제목만 보다가도 정신을 차려 보면 신중하게 읽고 있는 경우가 꽤 있다.

처음부터 끝까지 무조건 다 읽으려는 욕심도 피하는 것이 좋다. 이는 독서 전반에 해당하는 말이다. '이걸 다 읽어야 한다'는 마음은 독서에 큰 방해가 된다. 애초에 책은 짤막하게 읽어도 반드시 성장의 발판이 될 수 있는 매체다. 끝까지 다 읽어야 한다는 부담감 탓에 '독서 제로' 상태가 되기보다는 한 페이지라도 읽어야 자신이 성장할 수 있다는 것을 명심하자.

POINT

책을 좀처럼 못 읽는다면 전자책보다
종이책을 날마다 들고 다니자.

11

스마트폰은
공부할 때도
최강의 아군이다

●

공부하다 자신도 모르게 스마트폰을 보고, 그 상태로 손에서 놓지 못할 때가 많다. 누구나 마찬가지다. 어차피 현대 사회에서 스마트폰은 곁에서 떼어 놓을 수 없는 도구다. 그렇기에 스마트폰은 기본적으로는 공부의 적이다. 하지만 반대로 의욕에 불을 지피는 최강의 응원 도구가 되어 주기도 한다. 페이스북이나 인스타그램 등 SNS로 똑같은 자격증 시험을 준비하는 사람을 팔로우 하는 것이 그 방법이다.

'영어공부', '#영어학습' 정도의 검색이면 영어 공부를 열심히 하고 있는 사람들의 계정이 주르륵 나온다. 그곳에서 문제집을 다 풀었다거나, 단어 몇 개를 다 외웠다거나, 몇 시까지 공부를 열심히 했다는 등 긍정적인 말들을 많이 찾아볼 수 있을 것이다. 이런 계정들을 팔로우하면 똑같이 자신을 성장시킬 수 있다.

인간은 남이 어떤 행위를 해서 보상을 얻는 모습을 보면 그것을 학습해서 똑같이 행동하기도 하는데, 심리학에서는 이를 '대리 강화(vicarious reinforcement)'라고 한다. 형제를 예로 들자면 형이 집안일을 열심히 도와서 부모님에게 특별히 용돈을 받으면 그 모습을 본 동생이 똑같이 집안일을 돕게 되는 것과 같은 현상이다.

도쿄 대학교에 한 번에 합격한 학생이 '나는 이 노트 필기 방법으로 도쿄 대학교에 합격했다'고 한 말을 듣고 그 방법을 흉내 내거나, 연예인이 '나는 이 방법으로 살을 뺐다'고 한 말을 듣고 그 다이어트 방법을 흉내 내는 것도 대리 강화의 일종이다. 특히 트위터 등의 SNS에서 똑같은 목표를 위해 노력하는 사람의 계정을 팔로우하면 이 대리 강화 효과를 가장 쉽게 기대할 수 있다. 스마트폰은 언제나 우리 근처에 있을 테니까 말이다.

팔로우한 상대방이 성공 체험을 말해 주면 직접 하고 싶고 흉내 내고 싶다고 생각하게 된다. 또 혼자서 공부할 때보다 다짐을 실천에 옮길 확률이 훨씬 높아진다. 단, 대리 강화 효과를 충분히 얻으려면 팔로우할 상대를 잘 선택해야 한다. 어중간한 상대방을 골라 버리면 '그 사람도 땡땡이쳤으니까 나도 오늘은 패스' 같은 생각이 떠올라 역효과가 날 수 있다. 자신과 똑같은 목표를 세운 사람, 자신과 똑같은 환경에 있는 사람(바쁜 직장인이라면 똑같이 바쁜 직장인), 자신보다 노력하는 사람, 좋은 성과를 내는 사람, 자신보다 목표에 접근한 사람 등 스스로에게 좋은 자극을 줄 만한 사람을 선택하도록 하자.

여러 사람을 팔로우하면 효과는 배로 올라간다. 날마다 타인의 성과가 올라오며 그들의 노력을 실시간으로 알 수 있게 된다. 본인만 못할 이유가 없다. 그토록 바쁜 이들도 해냈으니 자신도 할 수 있을 거라는 마음이 솟는다면, 그렇게 의욕이 생기고 오기가 생긴다면, 다시 펜을 들어 공부를 시작하면 된다.

같은 이유로, 똑같은 목표를 위해서 노력하는 친구가 있을 때는 서로 정보를 교환하는 것도 큰 힘이 된다. 인간은 기본적으로 남에게 잘 보이고 싶다는 마음이 있기 때문에, 자신이 땡땡이치는 것처럼 보이고 싶지 않다는 생각도 큰 원동력이 되어 줄 것이다.

POINT

똑같은 환경에서 똑같은 목표를 위해
노력하는 사람의 계정을 팔로우하자.

고민은

'들어주는' 사람에게

털어놓자

●

선불리 조언하는 사람에게 상담하지 말자.

아무리 해도 공부가 잘 안 되고 의욕이 생기지 않을 때는 그 찜찜한 기분을 누군가에게 실컷 털어놓고 나면 다시 의욕이 생기는 경우가 있다. 상담은 좋지만 속마음을 터놓을 상대방이 누구인지는 굉장히 중요하다. 상대방을 고르지 않고 무턱대고 상담하면 오히려 의욕이 꺾여 버리기 때문이다. 이야기를 들어줄 상대는 가능하면 학습 분야 멘토로서 상담을 직업으로 삼은 사람 또는 상담사 등 전문가가 좋다.

이따금 학습에 관한 상담 의뢰를 받을 때가 종종 있다. 나의 개인적인 경험에만 비추어 보아도, 상담을 의뢰하는 사람들은 대부분 자신의 내면에 이미 답을 갖고 있다. 그저 그것을 모르거나 고민을 털어놓는 것에 목적이 있을 뿐이다. 그래서 상담을 할 때는 기본적으로 아무런 조언을 하지 않는 것을 원칙으로 하고 있다. "최근에는 어때요?", "당신은 그걸 어떻게 생각하나요?"처럼 상대방의 이야기를 따라 유도해 낼 수 있는 질문만 하면서 듣기를 계속한다. 그럼 상담하러 온 사람은 그 질문을 계기로 다양한 각도에서 생각하여 말하기 시작한다. 그러다 저절로 나온 자신의 말이 답이 되는 경우가 많다. '내가 이런 생각을 가지고 있었구나' 하는 순간이다. 질문에 대한 대답 속에서 힌트를 얻거나 자신과 대면하면서 대부분의 고민은 사라진다. 자신을 꾸미지 않고 고민이나 생각을 다 털어놓은 뒤 자기 힘으로 문제를 해결하면 그만큼 사람은 의욕을 되찾게 된다.

듣는 사람을 잘 선택해야 한다. 다른 사람이 상담을 해 오면 자신도 모르게 조언하고 가슴에 임팩트가 남을 만한 충고를 하고 싶어 하는 사람들이 많다. 또 그 조언이 옳지 않을 때도 많다. 모처럼 자신의 마음을 솔직하게 내보였는데 섣부른 조언을 듣거나, 말하는 도중에 끊어 버리거나, 자신의 행동과 감정을 비난받으면 꺼림칙한 마음은 더욱 쌓여만 간다. 차라리 듣기 전이 낫다.

전문가가 아니라면 이야기를 오롯이 들어주고 아무 말도 하지 않는 사람을 추천한다. 그냥 '그래, 네 말이 맞아', '그렇지, 그렇지', '그랬구나'라며 끈기 있게 끝까지 들어주는 사람이다. 이런 사람은 좀처럼 찾기 어렵지만 만약에 곁에 있다면 최고의 상대가 되어 줄 것이다.

좋은 상담 상대가 없다면 그냥 노트에 자기 기분을 잔뜩 써

보는 것도 좋다. 미국 텍사스 대학교 오스틴 캠퍼스의 제임스 페니베이커(James W. Pennebaker) 교수는 범죄 피해자를 대상으로 상처를 회복하기 위한 연구를 시행하였다. 피해자들에게 자신이 당한 그 사건들에 대해서 날마다 10분 정도 쓰는 훈련을 시켰다. 그랬더니 피해 경험을 글로 쓴 이들이 대조군보다도 트라우마에서 회복하는 시간이 빠르다는 것을 발견할 수 있었다. 암담한 기억과 트라우마를 극복하기 위해서는 그에 대한 기억과 감정을 손으로 써 가며 대면하는 것이 효과적이다. 그것이 고민이든 안 좋은 기억이든 생각에만 머무르지 말고 눈앞의 종이와 노트를 펼쳐서 자신의 생각을 실컷 적어 보자.

POINT

고민이나 생각을 실컷 터놓되
상대방을 잘 고르도록 하자.

다이어트를 위한
자신과의 대화법

1

구체적인

나의 체형을

상상하라

●

‘이건 좀 아닌데.’

나도 모르게 마음속으로 한탄했다. 몇 년 전 비즈니스지에 취재 기사와 함께 실린 사진을 보고 크게 실망한 적이 있다. 꿈꾸던 체형과는 전혀 다른 모습이 찍혀 있었기 때문이었다. 그날 이후 엄격하게 몸무게를 관리하며 적극적으로 운동했고 그 결과 19킬로그램을 빼는 데 성공하면서 지금까지 똑같은 몸무게를 유지하고 있다. 다이어트든 운동이든 지속하는 것이 가장 중요하다. 그러려면 의욕을 높여서 유지할 수 있어야 한다. 어떻게 해야 의욕을 유지할 수 있을까?

첫 번째는 인스타그램 감성을 자극하는 자신의 체형을 상상하는 것이다. 인스타그램이 아니더라도 만약에 SNS에 다이어트를 한 후 자신의 사진을 올린다면 어떤 체형이 더 빛나 보일지를 생각하는 것이다. 이 말은 다이어트나 운동을 한 후에 자신이 어떤 체형이 되고 싶은지를 구체적으로 연상한다는 뜻이다. 막연히 살을 빼고 싶다든가 근육질이 되고 싶다는 추상적인 생각이 아니라 목표로 삼은 구체적인 모습을 떠올리는 것이다. 이 방법을 추천하는 배경에는 미국의 사회학자 로버트 머튼(Robert Merton)이 '자기 충족 예언(self-fulfillment prophecy)'이라고 부른 현상이 있다.

'자기 충족 예언'이란 인간이 어떤 예언을(근거가 없는 것이라도) 믿고 행동함에 따라 결과적으로 그 예언이 이루어지는 현상을 말한다. 머튼은 은행 부도에 관한 소문이 퍼지면 예금을 인출하는 사람이 쇄도하여 정말로 은행이 부도가 나거나, 수험생이 시험에서 떨어질 것이라고 굳게 믿으면 끙끙 고민하다 공부할 시간이 줄어들어서 정말로 불합격하는 것 등을 구체적인 예로 들었다. 예를 들어 코로나19 팬데믹으로 인해 일본에서는 한때 두루마리 휴지와 티슈가 상점 앞에서 자취를 감췄다. 많은 사람들이 '앞으로 두루마리 휴지가 부족해질 수도 있다'라는 근거 없는 예언을 믿고 슈퍼마켓에 몰려든 탓에 현실로 이루어진 자기 충족 예언의 예시라고 할 수 있다.

수험생의 사례를 통해서도 알 수 있듯이 이 현상은 개인의 목표에서도 작용한다. 다이어트로 말하자면 '살을 빼고 싶다'라고 생각해도 '실제로는 무리일 거야'라고 생각하면 다이어트를 위해서 행동할 시간이 줄어들거나 폭식을 해서 결국 '살이 빠지지 않는다'라는 현실이 일어나게 된다. 이 '살이 빠지지 않을 수도 있을 것이다 → 실제로 살이 안 빠진다'라는 흐름으로 만들지 않으려면 시작할 때의 목표를 명확히 해야 한다. 자신의 이상적인 체형을 구체적으로 상상하는 것이 그 첫 단추가 되어 줄 것이다.

POINT

다이어트 목표는 막연해선 안 된다.
구체적인 이상형을 목표로 내걸자.

2

비슷한 체형의 사람에게

'좋아요' 누르기

●

모델을 목표로 한다고 쉽게 모델처럼 될 수는 없다.

앞서 말했듯 다이어트에 성공하려면 시작할 때 '이런 체형을 목표로 하겠다'라고 확실하게 생각해야 한다. 이때 '○○ 씨와 같은 체형을 목표로 하겠다'와 같이 이상적인 인물을 목표로 설정하는 방법을 추천한다. 가능하면 그 사람이 다이어트에 성공한 사람인지, 그 사람이 어떤 방식으로 다이어트에 성공했는지, 식사 제한을 했는지, 날마다 헬스클럽에 다녔는지 등 정보는 많으면 많을수록 좋다. 그 사람의 다이어트 성공 과정을 구체적으로 연상할 수 있으면 스스로도 할 수 있다는 생각이 들기 마련이다. 앞에서도 설명했듯이 남의 행동을 보고 학습하는 '대리 강화' 효과가 작용하기 때문이다.

이상형으로 삼고 싶은 사람을 찾을 때는 현실적으로 이뤄낼 수 있는 사람을 찾는 것이 중요하다. 뜬금없이 세계에서 활약하는 프로 운동선수나 모델 등을 이상형으로 삼으면 꿈은 크게 부풀지 모르지만 정말 꿈으로 끝나 버릴 확률이 높다. 그 사람들의 존재는 너무 멀어서 순식간에 좌절할 수도 있다.

여기에는 '원인 귀속'이라고 하는 인간의 심리가 작용한다.

인간에게는 모호한 인과관계를 어떤 원인으로 연결시키는 심리가 있다. 이를 '귀속 이론'이라고 한다. 또한 달성하고 싶거나 달성해야 하는 과제의 성공과 실패에 대해서도 '~의 탓'으로 연결시켜 버리고는 한다. 그 방법(원인이 무엇인지, 누구의 탓을 하는지)에 대해서는 네 가지의 특정한 스타일이 있으며 이를 '귀인 이론(Attribution theory)'이라고 한다.

그 특정한 스타일이란 ① 본인의 선천적·잠재적 능력, ② 본인의 노력, ③ 과제의 난이도, ④ 운을 말한다. 다이어트라는 과제에 실패했을 때를 예로 들어 보면 ①의 경우 '나는 원래 살이 쉽게 찌는 체질이다', ②의 경우 '내 노력이 부족했기 때문이다', ③의 경우 '애초에 20킬로그램을 빼겠다는 목표가 어려웠다', ④의 경우 '다이어트를 선언하자마자 그날 아빠가 족발을 사 왔다' 정도가 된다.

②의 경우는 오히려 좋은 인식이다. 아무리 다이어트에 실패했다고 해도 '내 노력이 부족했기 때문이다'와 같이 자신의 노력 부족을 원인으로 삼으면 다이어트를 지속할 가능성이 높아지게 된다. 그런데 그 이외의 것을 원인으로 생각하면 다이어트를 할 의욕이 뚝 떨어지게 된다. 프로 운동선수나 모델 등을 이상형으로 삼아 목표를 너무 높게 잡으면 그 이외의 것

을 원인으로 생각하기 쉽다. 즉, 다이어트에 실패한 이유를 애초에 그들과 자신의 신체적 스타일이 다르거나, 모델 체형이라는 과제의 문턱이 너무 높았다고 생각해 버리는 것이다. 따라서 자신이 이상형으로 삼을 사람은 친근하게 느껴지는 사람이 좋다.

그럴 때는 SNS에서 찾아보도록 하자. 먼저 '좋아요'나 하트부터 눌러 보자. 의욕이 부족할 미래의 당신의 눈에 더 잘 띄도록 말이다.

POINT

이상적이되 현실성 있는 체형을 찾아
그 사람을 목표로 하자.

몸무게가 하는 말만

듣지 말자

●

다이어트를 하면 날마다 몸무게가 궁금해진다. 하지만 다이어트에 성공하려면 '몸무게'에만 정신이 팔려서는 안 된다. 인간은 무슨 일을 할 때 자신의 성장이나 성과를 실감하면 더욱 힘낼 수 있지만 반대의 경우에는 의욕이 더욱 꺾이기 때문이다.

몸무게는 다이어트 성과를 나타내는 중요한 지표 중 하나지만 늘 정확하다고 할 수는 없다. 다시 말해 몸무게에만 주목하면 다이어트 성과가 잘 느껴지지 않을 때가 있다. 그것이 다이어트에 대한 의지를 죽일 수도 있다.

예를 들어 근육 트레이닝에 힘을 쏟으면 근육량이 늘어나서 몸무게가 늘어난다. 몸의 근육량이 늘면 지방이 쉽게 붙지 못하므로 이런 경우에는 몸무게가 늘었다고 해도 다이어트에는 성공했다고 할 수 있다. 하지만 몸무게만 보는 사람은 열심히 운동한 자신의 성과가 보이지 않아 실망할 것이다.

수분을 지나치게 섭취해서 일시적으로 몸무게가 늘어날 수도 있다. 전날 회식 때문에 술이나 탄산음료를 마시면 음식에는 거의 손대지 않았다고 해도 다음 날 아침 몸무게가 늘어날 수 있는 것이다. 이런 경우에도 몸무게만 보는 사람은 식사까지 제한했는데 몸무게가 늘었다고 생각하게 되고 같은 일이 반복되면 식사 제한 혹은 식이요법까지 의미가 없는 것 같다는 생각에 사로잡히게 될 것이다. 이렇게 몸무게에만 정신이 팔리면 다이어트는 지속하기 어렵다.

다이어트를 할 때는 몸무게뿐 아니라 반드시 다른 지표도 함께 확인하도록 하자. 최근에 나는 스마트폰 앱과 연동되는 체중계를 사용한다. 이 체중계에 올라가면 그때의 몸무게, 체지방, 근육량, BMI(체질량 지수) 등의 지수가 자동으로 앱에 표시되어 관리할 수 있다. 이 지수 중에서 늘 몸무게, 체지방, 근육량을 꼭 확인하는 편이다.

케임브리지 대학교의 연구팀은 비만도를 나타내는 BMI가 18~51인 18세~35세 사이의 남녀 50명을 대상으로 연구를 진행했다. 참가자는 이틀 동안 컴퓨터로 보물찾기 게임을 하게 되었는데, 이 게임은 '에피소드 기억' 능력을 평가할 수 있도록 고안되었다. 에피소드 기억은 물건을 숨기기 전후 자신의 사고와 행동을 '스토리'로 생각해 내서 숨긴 장소를 찾아내는 고도의 기억력이다. 테스트 결과 비만인 사람은 표준 몸무게 이하인 사람과 비교해서 성적이 평균 15% 정도 좋지 않았다. 연구 결과 몸무게에서 지방의 비율이 늘어날수록 기억력과 집중력이 떨어진다는 것이 증명되었다.

또한 근육량을 확인하는 이유는 평소에 근육 트레이닝을 하고 있기 때문이다. 앱의 숫자는 근육량을 즉각적으로 반영하며 한동안 헬스장에 못 가면 순식간에 근육이 1킬로그램 정도 빠지는 것을 확인할 수 있다. 반대로 말하자면 근육 트레이닝은 열심히 할 경우 그 결과를 체감하기 힘들어도 숫자로 명확하게 확인할 수 있기에 그만큼 의욕을 향상시킬 수 있다. 몸무게에만 연연하면 인지할 수 없는 것들이다.

덧붙여 말하자면 개인적으로는 BMI에는 별로 신경 쓰지 않는다. BMI는 비만도를 나타내는 지표로 국제적으로 이용되는 지수이며 비만인지 저체중인지를 판단할 때 쓰인다. 하지만 키와 몸무게의 균형만 보기 때문에 지방이나 근육량을 고려하지 않는다. 아무리 적정 몸무게라고 해도 내장 지방이 잔뜩 포함되어 있으면 건강하다고 할 수 없다. 또 성인이 되면 키에 변화가 거의 없으므로 BMI 숫자에 주목하는 것은 결국 '몸무게'만 보는 것과 별 차이가 없다. 이렇듯 다이어트를 지속하려면 몸무게뿐만 아니라 체지방이나 근육량 등 여러 가지 지표를 확인하는 것이 중요하다.

여러 가지 지표를 확인하는 것은
일과 공부에도 도움이 된다

여러 가지 지표를 확인하는 방법은 다이어트와 운동뿐만 아니라 일이나 공부에 대한 의욕을 향상시키고 싶을 때도 활용할 수 있다. 우리는 무심코 눈에 잘 보이는 '양적 지표'로 모든 일의 성과를 측정하기 쉽다. 일의 경우 매출이 얼마나 올랐는가, 신규 계약을 몇 건이나 체결했는가, 고객을 얼마나 확보했는가를 예로 들 수 있다. 공부라면 시험 점수가 몇 점이나 올랐는가, 편차치가 얼마나 늘었는가, 성적표 숫자가 올랐는가를 예로 들 수 있다. 어느 영역이 되었든 양적 지표에만 주목하면 그 결과가 좋을 때는 괜찮지만 결과가 나쁠 때는 노력의 의미를 잃어 의욕이 꺾이고 만다.

그러나 실제 성과에는 숫자로 나타낼 수 없는 것도 많다. 당장 매출에 반영되지 않더라도 나중에 거액의 매출로 이어지는 새로운 경험을 할 수도 있다. 공부의 경우에는 그 과정에서 만난 선생님이나 문헌 등이 인생을 크게 변화시키는 가르침을 줄 수도 있다. 이러한 '질적 지표'에 주목하면 단적인 매출 성과보다 발전된 경험과 확장된 네트워크를 얻고, 당장의 시험 결과보다 자료 습득과 같은 의욕의 열쇠를 발견할 수 있을 것이다.

심리학에서는 기존의 '틀'에서 벗어나 다른 '틀'을 끼워서 다시 파악하는 것을 '리프레이밍(reframing)'이라고 한다. 이는 똑같은 사물을 각도만 바꿔서 살펴본다는 뜻으로, 이렇게 하면 기분이나 생각의 변화가 쉽게 일어날 수 있다. 다이어트의 경우 몸무게뿐만 아니라 체지방이나 근육량도 확인하고, 일이나 공부의 경우 '양적 지표'뿐만 아니라 '질적 지표'에도 주목하듯이, 여러 가지 지표를 확인하면 쉽게 리프레이밍을 시도할 수 있다. 리프레이밍은 어떤 영역에서도 의욕을 유지하는 데 도움이 될 것이다.

POINT

다이어트를 할 때는 몸무게뿐 아니라
다양한 지표를 동시에 확인한다.

4

1개월짜리

헬스장은 없다

●

돈을 들이는 방법은 단순해 보이지만 운동 의욕을 유지하기 위해서는 매우 효과적이다. 돈을 들이면 '매몰비용의 오류(Sunk Cost Fallacy, 콩코드 오류라고도 한다—옮긴이)'라는 심리를 잘 이용할 수 있기 때문이다. '매몰비용'은 이미 지출해서 회수할 수 없는 비용을 말한다. 이 매몰비용이 있으면 인간은 그것이 돈이든 시간이든 감정이든 그만큼 낭비하는 것이 아깝다는 심리를 매우 강하게 갖게 된다.

영화관에서 영화를 본다고 생각해 보자. 재미가 없고 자신의 취향에 맞지 않더라도 상영 중에 자리를 뜨는 일은 드물다. 그 이유는 티켓값을 지불했으니 본전을 못 찾으면 아깝다는 심리가 작용하기 때문이다. 기업이 적자 사업에서 좀처럼 철수하지 못하는 배경에도 전략적인 관점과 더불어 지금까지 투자한 거액을 회수하지 못하고 끝내기 아깝다는 심리가 작용한다. 이렇듯 지속하면 할수록 손실이 커질 우려가 있는데도 이미 들인 비용으로 인해 그만두지 못하는 것을 '매몰비용의 오류'라고 한다.

하지만 운동이나 다이어트를 지속할 때는 '매몰비용의 오류'를 역으로 잘 이용할 수 있다. 자신의 수준보다 높은 헬스장에 조금 무리해서 가입하거나 헬스장 회비 6개월치를 선불로 지불해 버리는 것이다. 그러면 비싼 돈을 냈으니 그만큼 열심히 해야 돈이 아깝지 않다는 마음이 자신을 헬스장으로 향하게 한다는 논리다.

돈의 힘은 도중에 관둔다는 선택의 문턱 또한 높인다. 지금은 인터넷이나 유튜브 등을 활용하면 기본적으로 뭐든지 무료로 배울 수 있는 세상이다. 그래도 유튜브만 보고 다 배우기란 쉽지 않다. 나도 새로운 취미가 생기면 일단 유튜브로 공부하려 하는데, 영상 하나도 끝까지 못 보는 경우가 허다하다. 그 이유는 기본적으로 무료이기에 그만둔다는 선택의 문턱이 매우 낮은 탓이다. 망설일 필요도 없이 중단할 수 있기 때문이다. 하지만 돈을 내면 그럴 수가 없다. 애써서 돈까지 지불했으니 좀 더 해 보자는 마음이 들기 마련이다.

돈뿐 아니라 시간에서도 이는 동일하다. 운동이나 다이어트를 위해서 돈을 들이고 일부러 헬스장에 가는 것은 시간의 측면에서도 예민해진다는 장점이 있다. 새벽 시간대에 헬스장에 갈 때가 많은데, 러닝머신 위에서 30분을 뛰면 기계에 붙어 있는 화면에 소비 칼로리가 표시된다. '400kcal'라고 표시되면 오늘은 30분을 사용해서 400kcal를 소비했다고 확실하게 인지할 수 있다. 그러면 케이크를 앞에 두고 먹고 싶다는 유혹에 사로잡혔을 때, 눈으로 명확하게 확인했던 400kcal가 브레이크를 걸어 준다. 더욱이 집에서 헬스장까지 왕복하는 시간을 포함하면 이미 한 시간 이상 소모해 버린 상태다. 케이크는 2분이면 먹어 치우는데 그 2분을 위해 한 시간을 허비하는 건 수지가 맞지 않는다는 생각이 본능적으로 들 수 있다.

똑같은 시간을 사용했다고 해도 혼자서만 집 근처를 걷거나 달리면 매몰비용을 느끼기 어렵다. 돈과 시간, 의지와 노력이라는 비용을 '굳이 애써서' 들이면 그 비용에 대한 아쉬움이 운동이나 다이어트에 있어 좋은 방향으로 작용할 것이다.

POINT

'본전을 찾겠다'는 심리.
운동을 할 때는 이 심리를 잘 이용하자.

5

좋은 운동화와 운동복으로

의욕을 북돋워라

●

이유 없이 헬스장에 가는 게 지겨워질 때가 있다. 그래서 최근 들어 헬스장에 발길이 뜸해졌다고 느낄 때 내가 바로 취하는 행동이 있다. 바로 헬스장에서 사용하는 운동복이나 운동화를 새로 장만하는 것이다. 입고 싶고 신고 싶다는 생각이 들 법한 것으로 구매하되, 앞에서의 매몰비용의 오류를 활용하기 위해 일부러 조금 비싸다 싶은 물건으로 선택하고는 한다.

정기적으로 헬스장에 다니면서 근육 트레이닝을 하는 편인데, 솔직히 말하자면 근육 트레이닝 자체를 딱히 좋아하지는 않는다. 그런데도 근육 트레이닝을 꾸준히 할 수 있는 이유는 그것이 직관적인 성과를 보여 주기 때문이다. 근육 트레이닝을 하면 겉모습이 달라지거나 근육량이 늘고 체지방률이 줄어드는 등 눈에 보이는 성과를 느낄 수 있고 목표에 가까워졌다고 실감할 수 있기 때문이다.

하지만 그 성과는 날마다 나타나지 않는다. 며칠 또는 몇 주 동안 구체적인 성과가 나타나지 않을 때도 있다. 이처럼 자신에게 의욕의 원천이 되는 보상이 없을 때는 다른 보상을 준비할 수밖에 없다. 그게 바로 새로운 운동복과 운동화다. 사용했을 때 기분이 좋아지는 물품으로 헬스장에서의 활력을 되찾을 수 있다.

또한 좋은 물건을 사면 그 물건을 사용하는 자신을 명확하게 연상할 수 있기에 그로 인한 설렘과 기대가 의욕을 자극한다. 여기에서도 어포던스가 발현되며 신체적으로는 뇌의 후두정엽이 자극된다. 후두정엽은 도구 사용과 관련이 있는 영역인데, 좋은 물건을 구입하고 사용하면 이곳이 반응하여 본래의 능력보다 높은 수치를 발휘할 수 있게 되는 것이다.

헬스장에 가는 적절한 시간대를 선정하는 것도 의욕 유지에 도움이 될 수 있다. 이전에 다니던 헬스장은 새벽에 나이드신 분들이 많이 이용하는 탓인지 분위기가 한가롭고 평온했다. 그러다 오전 10시가 지나면 진지한 자세로 근육 트레이닝을 하는 사람이 늘어나서 서로 경쟁을 하는 듯한 분위기가 조성됐다. 저녁 이후에는 정장 차림으로 오는 직장인이 늘어나면서 나와 똑같은 환경, 목적으로 운동에 힘쓰는 사람이 많아졌다. 그때가 돼서야 나도 주변을 인식할 수 있었다. 오늘도 퇴근길에 들러서 열심히 운동을 하는 사람과 야근의 피로를 운동으로 씻어 내는 괴짜들을 보니 의욕이 다시 솟아난 것이다.

———

앞서 말했듯 사회심리학자 노먼 트리플렛은 실험을 통해 사이클 선수가 혼자서 달리는 것보다 다른 사람과 함께 달려야 기록이 향상된다는 사실을 발견했다. 낚싯대 릴을 돌릴 때도 혼자서 작업하기보다 여럿이 함께해야 효율성이 오른다는 사실도 실험으로 증명된 바 있다. 또 육상선수가 혼자서 달리는 것보다 다른 사람과 함께 달려야 기록이 향상된다는 뉴욕대학교 연구의 결과도 같은 메시지를 전달한다.

새로운 의욕 증진이 필요할 때가 있다. 새 운동화와 운동복과 같은 적극적인 보상, 그리고 같은 환경의 사람들처럼 자극을 위한 적극적인 의미부여를 활용하도록 하자. 집중력과 성과를 쉽게 올릴 수 있을 것이다.

POINT

운동이 즐겁지 않을 때는 다른 보상을 준비하자.
그 보상이 사람을 움직인다.

아침 행동을
잘게 쪼개라

●

출근 전이나 휴일 아침에 조깅하고 싶은 마음이 들 때가 있다. 하지만 좀처럼 실천하기 힘들다. 내일은 반드시 하리라고 생각하지만 도저히 아침에 일어날 수가 없다…… 그런 상황이 있을 것이다. 힘을 내서 아침 조깅을 시작해 봤지만 서너 번 정도 했더니 더는 못하겠다는 사람도 있을지 모른다.

아침 운동은 습관을 들이기 어렵다. 그 원인은 아침에 일어난 후 운동하기 전까지의 행동을 '아침에 일찍 일어나서 달린다'와 같이 일괄적으로 대강 생각해 버리기 때문이다. 실제로 하는 행동은 '일어나기 → 세수하기, 양치질하기 → 옷 갈아입기 → 현관문 나서기 → 달리기'처럼 세분화할 수 있다. 사람에 따라서는 기상 후에 가벼운 스트레칭을 하거나 세수한 후에 선크림을 바르거나 음료를 마시는 행위도 포함될 수 있다. 중요한 것은 자신만의 세분화된 아침 행동을 인지하는 것이다.

아침 운동을 정말 기대하는 사람이라면 이렇게 세분화해서 생각하지 않아도 된다. 하지만 그렇지 않은 경우에는 행동을 채 썰듯 쪼개어 한 단계씩 최대한 쉽게 할 수 있도록 아이디어를 짜내어야 한다. 그렇게 점진적으로 세분화 행동들을 공략하다 보면 최종적으로 '달리기'를 행동으로 옮기기 쉬워진다.

예를 들면 전날 밤 수면 직전에 운동복으로 갈아입는 방법이 있다. 아침에 일어나면 그 모습 그대로 달리러 나갈 수 있게 운동복을 입은 채로 잠자리에 드는 것이다. 단순한 방법이지만 세분화된 단계 하나가 없어진다는 건 의외로 심리적인 부담을 크게 줄여 준다. 적어도 아침에 운동복을 입는 게 귀찮거나 어차피 출근 복장으로 다시 갈아입어야 한다는 생각들이 겹쳐서 '오늘만 쉬자'는 반복적인 체념으로 이어지는 것을 막아줄 수 있을 것이다.

하지만 대부분의 사람들은 새벽 기상 자체가 가장 어렵다고 느낀다. 막연히 새벽에 일어나라고 하면 괴롭다는 데는 백 번 동의하지만, '새벽 기상=고통'이라고 생각해 버리면 아침에 일찍 일어나기 어렵다. 강한 의무감이 무의식적인 고통이 되어 좋은 현상으로 이어지지 못하기 때문이다. 물론 몇 번 정도는 의무감만으로도 일찍 일어날 수 있다. 아침 운동도 열심히 하면 서너 번은 지속될 수 있다. 그러나 의무감만으로 습관을 들이기란 매우 어렵다.

새벽에 일어나기 위한 가장 좋은 방법은 앞서 배웠듯 '아침에 일찍 일어나고 싶다' 혹은 '내일도 일찍 일어나고 싶다'는 상황을 만드는 것이다. 기대되는 무언가를 준비해 놓는 것이 전부며 그게 과장된 것일 필요는 없다. 사소한 즐거움이라도 충분히 이른 기상에 대한 인식을 바꿔 놓을 수 있을 것이다.

여전히 나에게는 홍차가 그 역할을 톡톡히 한다. 날마다 똑같은 홍차를 마시면 질리니까 맛있어 보이는 홍차를 찾은 경우에는 아침에 마실 생각을 하며 구입해 놓는다. 커피를 좋아하는 사람은 자신이 선호하는 커피를, 전통차를 좋아하는 사람은 취향의 차를 준비해서 그걸 마시는 것을 목적으로 삼아보자. 평일이나 휴일에 관계없이 '내일도 일찍 일어나고 싶다'는 생각이 들면 세부적인 행동들부터 조율하면 된다. 새벽 기상에 대한 의식이 달라지기만 하면 반 이상 성공인 셈이다.

POINT

운동하기까지의 행동을 세분화하고,
목적을 바꾸는 아이디어를 짜내자.

일부러

불쾌한 상황을

만들어라

●

아침에 조깅할 예정이 있는 날에는 그 전날 일부러 머리를 감지 않는다.

이상하게 들릴지 모르지만 아침 운동을 습관화할 때 활용할 수 있는 방법 중 하나이다. 다음 날 아침 잠에서 깼을 때 귀찮다고 느껴지더라도 머리를 감지 않고 하루를 보내기란 상당히 불쾌한 법이다. 잠깐 달리고 기분 좋게 샤워한 뒤 일하러 가자는 마음을 강제로 생성하는 셈이다.

쉽게 말하자면 일부러 불쾌한 상황을 만들고 그 상황을 회피하기 위해 운동을 할 수밖에 없도록 만드는 것이다. 우리가 행동하는 원인은 언제나 '쾌락 추구' 또는 '불쾌감으로부터의 도피' 중 하나이다. 어떤 목적을 달성하고 싶을 때는 기본적으로 쾌락 추구를 토대로 생각해야 의욕이 향상된다. 대단한 쾌락이 아니어도 된다. 롤모델인 트레이너가 있는 헬스장을 선택하는 것 정도면 된다. 헬스장에 가면 그 트레이너를 만날 수 있다는 '쾌락'이 있을 경우 헬스장으로 가는 발걸음이 가벼워지게 된다.

물론 불쾌감으로부터의 도피를 위한 행동력도 상당히 강력하게 작용한다. 심리학에서는 '당근과 채찍이 인간의 행동에 주는 영향력'에 관해서 오랫동안 연구가 이뤄졌는데, 미국 워싱턴 대학교에서는 이 주제에 대해 학생 피험자 88명을 대상으로 두 가지 테스트를 실시했다. 하나는 소리 테스트로 학생은 어느 쪽 귀에서 노이즈가 많이 들리는지 답한다. 또 하나는 빛 테스트로 학생은 설치된 모니터 화면 중 어느 쪽에서 점멸하는 빛이 많이 보였는지 답한다. 두 테스트 모두 매번 화면에 금액이 표시되며 정답을 맞히면 그 금액을 받을 수 있고 틀리면 빼앗기게 되는 조건이 있다. 또 정답을 맞히든 틀리든 몇 번이고 다시 도전할 수 있는데, 화면에 표시되는 금액은 문제가 진행됨에 따라 늘어나게 된다. 이 테스트에서 학생들은 어떤 행동을 보였을까?

　대부분의 학생들은 테스트에서 정답을 맞히면 다시 한 번 도전했지만 틀리면 거기에서 도전을 그만두었다. 주목해야 할 점은 다시 도전하는 비율과 그만두는 비율이다. 화면에 표시되는 보수가 높아짐에 따라 학생이 다시 도전하는 비율도 높아졌지만, 그만두는 비율은 빼앗기는 금액에 상관없이 비율이 일정했다.

　이는 즉 '보수(당근)'로 인간을 움직일 때는 그 액수를 점점 높여야 하지만 '벌(채찍)'로 인간을 움직일 때는 '최저 비용'으로 해결할 수 있다는 것을 의미한다. 벌이 보수보다 인간을 효율적으로 움직이는 효과가 있다는 사실이 확인된 것이다. 우리가 불쾌감으로부터의 도피를 위해 얼마나 강한 행동력이 발휘되는지 알 수 있다. 이 행동력을 아침 운동을 위해 효율적으로 활용해 보도록 하자.

POINT

아침 운동을 해야 해결되는
'불쾌한 상황'을 일부러 만든다.

8

지겨운 러닝머신을

즐거운 시간으로

●

'오늘은 ○○를 봐야지'라고 결심하고 헬스장에 갈 때가 있다. ○○에는 궁금했던 유튜브나 텔레비전 예능 프로그램, 정보 프로그램 등이 들어간다. 헬스장에서 런닝머신을 이용해 달리거나 사이클을 탈 때 몸은 움직여도 눈과 귀는 시간이 남아돌기 마련이다. 그 시간에 우리는 일부러 잡다한 정보를 주입하고는 한다.

정보는 우리의 행동에 불을 붙인다. 그중에서도 책의 인화력은 매우 강력하다. '이렇게 하면 성공하는구나.' '이런 방법이 있네.' '이건 나도 해보고 싶다'…… 등 당신을 움직이는 책을 읽을 때 느낄 수 있는 감상들을 생각해 보자. 이렇게 감정이 움직이는 것을 감정 변화(emotional shift)라고 하는데, 이 현상이 일어나는 순간은 의욕이 최대로 끓어오른 상태이다. 이때 행동에 미치는 책의 인화력은 가장 막대해진다. 즉, 정보를 얻고 수많은 선택지가 있다는 사실을 알아서 '바로 이거야' 싶은 감정 변화의 순간을 늘리면 의욕을 향상시키는 데 매우 유용하다.

그 반대에 있는 것으로는 심리학자 레빈(Kurt Lewin)과 카르스텐(A. Karsten)이 말한 '심적 포화(psychical satiation)'를 들어볼 수 있다. 이는 "인간은 어떤 긴장을 느껴서 행동을 시작하지만 익숙해짐에 따라 긴장이 사라진다. 그래서 새로운 긴장을 바라며 행동 방식을 바꾸기도 한다. 그것에도 익숙해져서 다른 대처법이 없는 경우에는 그 행동을 그만둔다."라는 것으로, 쉽게 말해 '싫증'이다. 여기서 말하는 '긴장'은 '자극'으로 바꿔도 좋다. 똑같은 행동이라도 자극이 사라지면 인간은 싫증을 내는 법이다.

반대로 생각하면 인간이 어떤 일을 계속하기 위해서는 늘 새로운 '긴장'이나 '자극'을 잘 도입하면 좋다는 뜻이 된다. 여기서 다시 헬스장 런닝머신으로 돌아가 보자. 실내에서 하는 운동은 단조롭다. 풍경이 달라질 일도 없으니 빠르게 지루해지기 쉽다. 그럴 때는 유튜브나 텔레비전을 보는 방법을 활용할 수 있다. 단조로운 '달리기'에 정보 수집이라는 '자극'을 더하는 것이다.

개인적으로는 시간을 똑같이 쓴다면 책을 읽는 것을 선호한다. 그래서 유튜브나 텔레비전을 주의 깊게 보지는 않는 편이다. 하지만 여러 매체의 정보를 접했을 때 일어나는 가치 있는 감정 변화는 중요하다. 이렇게 운동과 정보 수집을 동시에 하면서 긍정적인 감정 변화를 통해 심적 포화를 예방하는 것은 지속적인 운동을 이어 가는 효과적인 방법이다. 평소에 책을 읽는 시간이 부족하다면 런닝이나 사이클링을 하면서 오디오북을 듣는 방법도 추천한다.

POINT

운동하면서 오디오북, 유튜브, 텔레비전을
활용하면 운동에 새로운 자극이 된다.

먹으면 안 되는 음식은

실컷 먹어라

●

버리고 싶은 습관은 '금지하기'보다 '의무로 하는' 편이 좋다.

건강한 식생활을 하고 싶다는 것은 일반적인 다짐이다. 그런 다짐을 하면서도 라면, 햄버거, 초콜릿, 아이스크림 등 기름지고 달달한 음식을 먹고 있을 때가 많다. 그럼 먹자. 그리고 먹지 말자고 다짐하지 말자. 반대로 끊고 싶은 음식을 일주일 동안 계속 먹겠다고 결심해 보라. '이번 주에는 날마다 반드시 라면을 먹겠다', '이번 주 점심은 치즈버거만 먹어야 한다'는 행복한 결심을 하는 것이다.

끊고 싶은데 먹는 상황을 만든다니 모순된다고 느낄 수도 있지만, 이렇게만 해도 앞서 소개한 '심적 포화' 효과가 저절로 발휘된다. 한마디로 '질리는' 것이다. 아무리 맛있는 음식이라도 몇 번을 거듭해서 먹으면 만족도가 줄어들게 된다. 비슷한 개념으로 경제학에서도 '한계 효용 체감의 법칙'이라고 하여 어떤 물건에 대한 소비자의 만족도가 소비가 증가함에 따라 줄어든다는 법칙이 있다.

맥주 첫 잔은 특별히 더 맛있는 법이다. 하지만 두 잔째, 세

잔째에 느끼는 맛은 같은 맥주라고 해도 첫 잔에 미치지 못한다. 근처에 새로운 카페의 카페라테가 그 어떤 라테보다 맛있다고 감동해도 여러 번 다니게 되면 그 맛에 익숙해지기 마련이다. 두 번째 이후 카페라테의 맛은 처음에 마셨을 때의 맛을 뛰어넘지 못한다. 이 법칙을 이용해서 당분이나 유분을 많이 함유한 음식 등 그만 먹고 싶은(하지만 굉장히 먹고 싶은) 음식이 있을 때는 강제적으로 계속 섭취하는 상황을 만들어 질리게 만드는 것이다.

다른 접근 방법도 있다. '먹고 싶은 음식을 반드시 섭취한다'라는 전략은 건강에 해로운 식사를 그만두기 위한 방법이지만, 반대로 건강한 식사를 하기 위한 방법이 되어 주기도 한다. 내가 실천했던 방법 중 하나는 출장이나 여행을 갔을 때 그 지역의 드레싱이나 조미료를 구입하는 것이었다. 히로시마산 레몬을 사용한 레몬 드레싱, 도쿠시마산 영귤을 사용한 영귤 드레싱, 규수 지방의 유즈코쇼(유자향이 나는 일본식 고추 페이스트─옮긴이) 등 그 지역에서만 먹을 수 있는 맛있는 드레싱, 조미료의 종류는 매우 다양하다. 그런 것을 다량으로 구매하여 냉장고에 쟁여 놓았다. 그러면 새로운 드레싱을 먹어 보고 싶어 샐러드를 만들게 되어 자연스럽게 채소를 먹는 양이 늘어나게 된다. 건강한 식사를 하기 위해 노력한다기보다 그러고 싶은 상황을 만드는 것이다.

샐러드의 경우에는 드레싱뿐만 아니라 샐러드에 넣는 재료를 연구하는 방법도 있다. 나무 열매나 씨앗, 치즈 등 아이디어를 짜 보거나 근처 슈퍼마켓에서 보기 힘든 지역 채소를 주문해 보기도 한다. 어디까지나 핵심은 '건강한 식사를 해야해'라고 생각하는 게 아니라 '건강한 식사를 하고 싶다'라는 동기를 만드는 것에 있다.

POINT

그만 먹고 싶은 음식이 있을 때는
오히려 실컷 먹어 대서 질리게 만들자.

10

비축은 한밤중
폭식을 부른다

●

"야근이 끝나고 집에 돌아오자마자 컵라면을 먹었다. 주말에는 소파에 누워 감자칩 2봉지를 뜯었다." 당신도 이런 적이 있을 것이다. 건강을 생각한다면 밤에 폭식하지 말아야 한다는 세상 당연한 말을, 어떻게 쉽게 실천할 수 있을까?

2017년 캐나다 칼턴 대학교의 마리나 밀야브스카야(Marina Milyavskaya) 교수와 토론토 대학교의 마이클 인즐릭트(Michael Inzlicht) 교수는 학생 159명을 대상으로 피로에 관해 조사했다. 이 조사 결과에 따르면 학생의 피로와 가장 관계가 깊은 것은 '유혹 요인'이었다. 집중해서 과제를 해야 하는데 주변에 만화책이 굴러다니거나, 구독 중인 크리에이터의 새로운 영상이 올라왔다거나, 한창 썸타는 그 사람의 메시지가 오는 등 유혹 요인이 많을수록 사람은 피곤해진다는 사실이 입증되었다. 그에 따라 목표 달성률은 유혹 요인의 접촉 횟수와 반비례한다는 사실도 드러났다.

즉, 어떤 목표를 달성시키고 싶으면 최대한 유혹 요인과 접촉하는 비율을 줄이는 것이 중요하다. 목표 달성을 방해하는 유혹 요인은 널려 있겠지만 그 요인이 눈과 귀에 들어오지 않게 해야 한다. 이 조사 결과를 근거로 하면 한밤중의 폭식을 피하는 단순하고 쉬운 방법을 알 수 있다.

'쓸데없는 음식을 집에 두지 않는 것'이다. 비상식량은 별도로 하고 여분의 컵라면이나 과자 등은 비축하지 않도록 한다. 같은 원리로 과음을 피하기 위해서는 맥주나 소주도 박스로 구입하지 않는다. 대부분의 식료품이 그렇지만 대량으로 구입할수록 단가도 저렴해지고 경제적으로도 이득이다. 게다가 수고를 줄이기 위해 인터넷으로 주문하게 되면 기본적으로 다량 구매가 이뤄지기도 한다.

하지만 반대로 맥주를 박스로 구입하는 것은 결국 맥주 소비량을 늘리는 일이 된다. 나도 예전에 맥주를 박스로 구입했을 때는 소비량을 주체하기 힘들었다. 아직 해야 할 일이 남아 있으니 딱 맥주 한 병만 마시면서 해야 한다는 생각이 1단계다. 여러모로 힘든 날이었으니 한 병 정도는 더 마셔도 괜찮겠다는 생각이 2단계. 3단계는 2병이든 3병이든 차이가 없다는 무적의 논리가 펼쳐진다. 그렇게 일은 일대로 못 끝내고 술은 있는 대로 비워 버리게 되는 패턴이다.

인간의 의지력만큼 못 미더운 것도 없다. '그만두자'라고 생각하는 바로 그 생각을 그만둬야 한다. 쉽게 접근할 수 없는 환경을 조성하고 여분을 비축하지 않으면서, 음주가 되었건 폭식이 되었건 그 조건 자체를 성립시키지 않는 것이 중요하다. 그러니 쌓아 두지 말자. 전쟁 안 났으니까.

POINT

유혹당할 것 같은 음식이나
쓸데없는 음식은 절대 쌓아 두지 말자.

11

운동을 위한

약속을 잡아라

●

'매일 아침 조깅을 해야 하는데, 못하겠어.', '돼지우리가 된 방을 빨리 청소해야 하는데, 못하겠어.' 너무나 익숙한 말 아닌가? 이처럼 반드시 해야 하고, 하면 좋다는 것을 머리로는 알고 있지만 막상 하려고 하면 몸이 움직이지 않는 경우가 누구에게나 있다. 그리고 이런 경우는 대부분 '환경이 마련되어 있지 않기' 때문이다.

반드시 해야 하고, 하면 좋다는 것을 머리로는 알고 있지만 막상 하려고 하면 몸이 움직이지 않는 어느 질 좋은 행동. 나와 당신을 포함한 우리 모두에게 그런 게 있을 거다. 그것을 행동으로 옮기지 못하는 대부분의 원인은 환경이 마련되어 있지 않은 것에 있다.

많은 사람들은 어떤 일을 하려고 할 때 자신의 의지력을 믿는다. 어떻게든 열심히 하고, 미친 듯한 기세로 일을 마무리 짓겠다고 생각한다. 하지만 인간의 의지라는 것은 굉장히 확고하고 또 솔직하다. '반드시 ~해야 한다'라고 강력하게 생각해도 그 밑바탕에 '사실은 하고 싶지 않아'라는 마음이 있으면 몸은 말을 듣지 않는 법이다. 게다가 휴일이라면 더더욱 그 원칙을 확고히 지키려 할 것이다. 그럴 때 자신과 싸우며 기분을 어떻게 하려고 하지 말자. 몸이 움직여야 하는 환경을 만들면 된다. 이때 타인의 존재는 아주 큰 힘이 되어 준다.

누군가가 집에 온다고 하면 '이 더러운 방을 어떻게든 청소해야 해'라는 마음이 든다. 그럼 약속한 날까지는 사람 사는 방을 만들기 위해 열심히 청소할 수밖에 없다. 청소를 해야 한다는 생각만 있고 몸을 움직일 수가 없다면 그런 상황을 만들어 버리면 된다.

운동도 다르지 않다. 잠깐 분출하는 인간의 의욕은 매우 불안정해서 미덥지 못하다. 운동을 해야 한다고 굳게 마음먹어도 그때의 기분이나 감정, 몸 상태 등에 따라 크게 달라지는 법이다. 그래서 혼자 운동을 계속할 경우 그 밑바탕에 '운동하고 싶다'라는 마음이 강하게 자리매김하지 못하면 근본적으로 운동을 이어 가기 어렵게 된다.

여기에서 다시 남의 힘을 빌리도록 하자. 친구, 연인, 동료 등 다른 누군가와 함께 운동할 날짜와 장소를 약속하면, 당일에 마음이 썩 내키지 않더라도 '그래도 약속인데 지키긴 지켜야지'라는 마음이 약속 장소로 발걸음을 옮기게 할 것이다.

다른 사람의 힘을 빌릴 때는 어떤 상대를 선택하느냐도 중요하다. 만약 함께 달릴 약속을 할 상대라면 '죽어도 달려야 해'라고 생각하는 사람보다 '달리기가 좋다, 달리고 싶다'라고 생각하는 사람이 좋다. 그렇지 않으면 쉽게 약속이 깨질 가능성이 있기 때문이다.

자신과 똑같은 수준의 체력을 가진 사람을 선택하는 것도 중요하다. 얼마 전 프로 운동선수인 친구가 함께 달리자고 권유해서 나간 적이 있는데, 당연하지만 상대가 될 리 없었다. 애초에 알고 있었던 체력의 차이는 직접 뛰면서 몸으로 실감되었고, 차츰 속도에 맞춰서 달릴 수가 없어 뒤처지기 시작했다. 달리던 도중에 '아니 프로 상대인데 내가 따라 잡는 게 이상한 거 아냐?'라는 생각이 멈추지 않았다. 이렇게 자신의 수준과 지나치게 차이가 나는 상대일 경우에는 오히려 그만둘 이유만 늘어나게 된다. 상대는 자신보다 수준이 조금 높거나 열심히 하면 따라잡을 수 있는 사람이 적당하다.

POINT

실천을 위한 환경을 만들자.
환경 조성에는 타인의 힘이 효과적이다.

12

남의 눈에
노출되는 상황을
일부러 만들어라

●

결혼식 피로연 사회나 워크숍 진행자는 일반적으로는 선호되지 않는 일일 수 있다. 하지만 다이어트 의욕을 끌어올릴 때는 남의 눈에 노출되는 상황에 직면하는 것만큼 확실한 방법이 없다. 앞서 말한 호손 효과에 의해서다. 남에게 주목을 받으면 그 기대에 부응하려고 해서 성과를 쉽게 낼 수 있다는 심리를 활용하는 것이다.

결혼식 피로연의 사회자는 결혼식에 참석한 많은 사람들의 눈에 자연스럽게 노출된다. 이때 어떤 사람이 봐 주느냐도 중요한데, 어느 정도 긴장감을 느끼는 상대방이면 더 좋다. 가족이나 오래된 친구처럼 마음을 터놓을 수 있는 사람만 있다면 주목을 받아도 효과를 그다지 기대할 수 없다. 그런 점에서 결혼식 피로연에 참석하는 사람들은 회사 선배나 상사, 학교 선배 등 다양한 거리감을 지닌 사람들이 많기 때문에 적절한 환경이 조성된다.

결혼식 피로연은 기일도 확실히 정해져 있다. 일반적으로 몇 달 전에 정해지는데, 마감 효과도 기대할 수 있는 좋은 기회다. 나의 경우에는 다이어트를 할 때 일부러 강연이나 취재 업무로 스케줄을 가득 채우고는 했다. 늘 다른 사람의 시선을 신경 써야 하는 환경을 만든 것이다. 직장인의 경우에는 프레젠테이션을 적극적으로 맡거나 개인적인 인간관계를 늘리기 위한 모임 등에 참가하는 방법이 있다. 취미로 악기나 댄스 등을 하는 사람이라면 진짜 무대에 올라 남 앞에서 선보이는 것도 효과적이다. 이 경우에는 다이어트뿐만 아니라 해당 기량의 향상도 기대할 수 있다.

주변 사람들에게 엄포를 놓는 것도 방법이 된다. ○월까지 ○○kg 감량에 실패하면 비싼 식당에서 제대로 한턱 쏘겠다는 등의 선언을 하는 거다. 남에게 보이는 환경을 만들고 자신뿐만 아니라 상대방에게도 목표를 공유해서 더 노출된 환경을 만드는 방법이다. 이때는 구체적인 기일과 목표로 하는 몸무게를 알리는 것이 포인트다.

무엇을 위한 목표인지, 그 의의를 명확히 하는 것도 중요하다. 앞에서도 간단히 언급했지만 나는 비즈니스지에 실린 사진을 보고 실망해서 다이어트를 시작했었다. 당시는 계속 사업을 확대해 나가고 싶은 시기였다. 취재에도 적극적으로 응해서 나라는 사람을 알리고 싶었지만 이 외모와 체형에는 스스로도 자신감이 없었다. 그래서 앞으로는 언제 취재가 들어와 그 사진이 반영구적으로 인터넷상에 남더라도 부끄럽지 않은 체형을 만들어야겠다고 자연스레 결심할 수 있었다. 그런 의미를 잃지 않기 위해 '언제까지 얼마만큼 살을 빼겠다'라는 목표가 달성된 후에도 체형을 유지하고 있다. 숫자로만 목표를 세우면 그 숫자를 달성한 후에는 성공/완료 같은 기분이 들어서 금방 해이해지고 만다. 하지만 다이어트의 의의를 명확히 하면 몸무게를 꾸준히 유지하는 생활 습관을 지속할 수 있을 것이다.

POINT

다이어트에 성공하고 싶으면
'남의 눈에 노출되는' 상황을 일부러 만들자.

제대로 쉬기 위한
의욕적 휴식법

따뜻한 음료가 가진

긍정적인 힘

●

'마음'은 따뜻한 음료를 매우 좋아한다.

느긋하게 보내고 싶은 휴일 아침에는 따뜻한 얼그레이 티를 추천한다. 간단하면서 평범한 일이라고 생각할 수 있지만 사실 여러 가지 심리학적 효과를 기대할 수 있는 행동이다.

미국 예일 대학교의 사회심리학자 존 바그(John A. Bargh)와 콜로라도 대학교의 로렌스 윌리엄스(Lawrence Williams) 교수는 신체적인 온도와 심리적인 온도의 관계성에 관해서 실험했다. 이 실험은 피험자들이 실험실에 도착하기 전부터 시작된다. 피험자들은 실험실에 들어오기 전 다른 사람에게서 컵에 담긴 커피를 잠시 들어 달라는 부탁을 받는다. 이때 피험자의 절반은 따뜻한 커피를, 나머지 절반은 아이스커피를 건네받았다. 그 후 피험자는 실험실에 들어와 가공의 인물에 관한 설명문을 읽고 그 인물에 대한 인상을 묻는 질문에 대답했다.

이 실험 결과 따뜻한 커피를 들었던 그룹의 사람들이 해당 인물에 대해 더 호의적이고 신뢰를 보이는 경향이 있다는 사실을 알 수 있었다. 즉, 따뜻한 음료의 열이 마음에도 영향을 준다는 것이 입증된 것이다. 다른 실험에서는 따뜻한 음료를 마신 후에 여러 가지 일을 긍정적으로 이해할 수 있고 다른 사람에게 우호적인 태도를 보인다는 결과도 나온 바 있다.

이처럼 따뜻한 음료는 마음에 긍정적으로 작용한다. 얼그레이 티는 베르가모트(감귤류) 향을 입힌 홍차인데 이 향기도 심리적으로 긍정적인 작용을 한다. 일단 감귤류의 향에 함유된 리모넨이라는 향기 성분은 교감신경을 활성화한다. 잠에서 막 깼을 때의 멍한 머리를 상쾌하게 깨워 줄 수 있다. 그와 동시에 감귤류의 향에는 긴장 완화 효과도 있어서 '잠에서 확실히 깨지만 느긋한 기분을 느낄 수 있는', 휴일 아침에 딱 어울리는 상태를 만들어 준다.

나는 매일 아침 얼그레이 티를 마실 때 반드시 찻잎을 사용하고 있다. 물론 티백도 충분히 맛있지만 일부러 찻잎을 사용해 찻주전자로 차를 끓이는 여유로운 시간을 좋아한다. 몇 분 안 되는 시간이지만 잠깐이라도 정성을 들였다는 성취감, 만족감을 아침 일찍부터 느낄 수 있다는 것은 매우 기분 좋은 일이다.

한 가지 더, 찻주전자로 차를 끓이든 티백을 우리든 간에 이때 꼭 컵에 집착하기 바란다. 예상하겠지만, 어포던스 효과를 위해서다. 물건에는 인간의 능력을 이끌어 내는 힘이 있고 또

안심을 느낄 때도 있다. 마음에 드는 컵으로 차를 마실 때와 아무런 느낌도 없는 종이컵으로 차를 마실 때 얻을 수 있는 것은 결이 다르다. 그러니 그날의 기분에 맞춰서 신중하게 컵을 선택해 보자.

POINT

인간은 따뜻한 음료를 마시면
긍정적으로 변한다. 그 시간을 즐기자.

2

손 씻기는

마음의 때도

씻겨 준다

●

휴일이 되면 종종 교토의 가모가와, 나라의 요시노가와, 이세 진구 근처를 흐르는 이스즈가와까지 나가서 산책이나 조깅을 즐길 때가 있다. 그 이유 중 하나는 강물이 마음을 안정시켜 주기 때문이다. 강뿐만 아니라 물에는 여러 가지 긴장 완화 효과가 있다고 알려져 있다.

예를 들면 바다나 수영장 등에서 몸이 둥실둥실 뜨는 느낌은 행복 호르몬으로 불리기도 하는 뇌내 물질 '세로토닌' 분비를 증가시킨다. 욕조나 온천 등에서 미지근한 물에 몸을 담그면 부교감신경이 활성화되어 긴장을 완화시키기도 한다. 또한 강물이 졸졸 흐르는 소리나 파도 소리에는 불규칙하지만 인간이 편안하게 느끼는 '1/f 파장'이 있어서 힐링 효과를 기대할 수 있다. 휴일이면 바다나 강, 호수, 또는 온천 등 '물'이 있는 곳에 가 보자. 시각과 청각, 또 온몸으로 물을 충분히 느끼면 몸과 마음의 피로를 치유할 수 있을 것이다.

물론 그럴 시간이 없는 휴일도 있고, 몹시 피곤해서 나갈 기력이 없을 때도 있다. 그런 경우라도 손쉽게 기분을 전환할 수 있는 방법이 있다. 바로 손을 꼼꼼하게 씻는 것이다. 코로나19 바이러스로 인해 매우 친숙해진 '손 씻기'에는 사실 바이러스나 세균을 씻어 낼 뿐만 아니라 기분을 전환시키는 효과도 있다.

사회심리학자 존 바그(John Bargh)는 실험 참가자를 두 그룹으로 나눠서 도덕적 문제가 있었던 과거의 행동을 떠올리게 했다. 그 후 한 그룹의 참가자에게만 제균 효과가 있는 물티슈로 손을 닦게 했다. 그 결과 손을 닦은 그룹에서는 자신의 과거 행동에서 비롯된 죄의식과 후회하는 마음이 줄어들었다. 또 다른 심리학자의 실험에서도 손을 씻으면 기억과 관련된 감정이 씻겨진다는 것이 확인된 바 있다.

그 외에도 독일 오스나브뤼크 대학교의 심리학자 카이 카스파(Kai Kaspar)는 흥미로운 실험을 진행했다. 실험 참가자에게 실제로는 '어떻게 해도 풀 수 없는 과제'를 풀도록 지시했다. 애초에 풀 수 없게 만들어져 있는 탓에 실험 참가자들은 모두 답을 풀 수 없었다. 그리고 실험 참가자 절반에게 손을 씻도록 지시했다. 그 후 모든 참가자에게 두 번째 과제를 부여했다. 그 결과 손을 씻은 그룹이나 씻지 않은 그룹도 딱히 기죽는 일 없이 두 번째 과제에 몰두했다. 그러나 손을 씻은 그룹은 더욱 낙관적으로 과제에 임한 것이 확인되었고 과제

성적도 손을 씻은 그룹이 더 좋았다.

　손을 정성껏 씻는 행위는 기분에 변화를 준다. 단지 위생과 건강을 위해서가 아니라 손 씻기 자체를 목적으로 해서 천천히 정성스럽게 씻어 보자. 휴일의 기분이 달라질지도 모른다.

POINT

손 씻기는 마음의 때도 씻겨 준다.
정성껏 씻어 낙관적인 기분을 만들자.

3

긍정적인 억측으로

운동의 효율성 높이기

●

주말에 한 번 하는 운동으로는 부족하지 않을까? 그렇게 생각할 수 있다. 당연하겠지만 부족한 양을 평일에 보충할 수 있다면 그렇게 하는 것이 좋다. 하지만 그게 어렵다면 주말에만 하는 운동이라도 '나는 일주일에 한 번 제대로 운동하고 있다'라고 굳게 믿는 것이 중요하다. 즉 억측을 생산해 보는 것이다.

독일 쾰른 대학교의 리산 다미쉬(Lysann Damisch)는 다음과 같은 실험을 진행했다. 피험자를 두 그룹으로 나눠서 양쪽 모두에게 골프 퍼팅을 하게 했는데 공을 줄 때 그룹별로 말을 바꿔서 전했다. 피험자에게 주는 공은 완전히 똑같았지만 A 그룹에게는 '이 공은 퍼팅이 잘 들어가는 행운의 골프공입니다'라고 전하고 B 그룹에게는 '이 공은 모든 사람이 돌려쓰는 평범한 골프공입니다'라고 전했다. 그 결과 A 그룹의 평균 퍼팅 성공 횟수는 6.42회, B 그룹의 평균은 4.75회로 A 그룹이 35%나 성공 확률이 높게 집계되었다. 똑같은 공인데도 퍼팅 직전에 행운의 골프공이라는 말을 들은 사람은 그 억측을 통해 성공한 것이다. 다미쉬는 이 밖에도 여러 가지 실험을 했는데 어떤 경우든지 긍정적인 억측을 한 사람이 좋은 결과를 남겼다고 한다.

이제는 널리 알려진 '속임약 효과(플라세보 효과, Placebo effect)'도 같은 맥락에서 효력을 갖는다. 속임약 효과는 의사가 효과가 없는 가짜 약을 '이 약은 효과가 있으니 꼭 드세요'라고 환자에게 말하고 환자가 그 말을 믿으면 실제로 효력을 보는 효과를 말한다. 약에 효력이 있다는 억측이 실제로 몸에 변화를 일으키는 것이다.

2017년 스탠퍼드 대학교에서 실시한 연구에서는 이 '억측'으로 수명이 늘어난다는 사실까지 증명했다. 옥타비아 자르트(Octavia H. Zahrt) 박사와 앨리아 크럼(Alia J. Crum) 조교는 6만 명이 넘는 성인을 대상으로 본인의 운동량과 그 운동량에 대해 어떻게 생각했는지를 조사했다. '같은 세대와 비교해서 활동적이라고 생각하는가?'라는 질문을 하고 그 후에도 대상자들을 계속 관찰했더니, '같은 세대와 비교해서 활동적이지 않다'라고 대답한 사람은 활동적이라고 생각하는 사람보다 71%나 높은 확률로 먼저 사망했다. 여기서 중요한 점은 '활동적이라고 생각한 것'이며 실제 운동량이 많았던 것은 아니라는 점이다. 운동량은 비슷하지만 남과 비교해서 활동적이라고 생각한 사람이 더 오래 살았으며, 머릿속 생각이 실제에 영향력을 끼치는 현상이 나타난 것이다.

일주일에 한 번이라도 전혀 문제없다. 긍정적인 억측으로 충분하다. 운동량이 적다고 걱정하지 말고 한 번 있는 운동에 충실하도록 하자. 그렇다면 그 한 번의 적절한 운동량은 어느 정도일까?

적당한 하루의 운동량과 시간

WHO(세계보건기구)는 모든 성인에게 '일주일에 150분 이상 중등도의 운동하기', 또는 '75분 이상 고강도의 운동하기'를 권장한다. 중등도의 운동은 빨리 걷기나 근육 트레이닝 등 조금 숨이 차지만 대화할 수 있는 정도의 운동, 고강도의 운동은 조깅이나 수영 등 숨이 차서 대화할 수 없는 정도의 운동을 말한다. 또한 중등도의 운동은 1회 30분을 5회로 나눠서 하고 고강도의 운동은 1회 25분을 3회로 나눠서 하는 것이 바람직하다고 하다. 이렇게 하면 확실한 효과를 기대할 수 있지만 행할 수 있는 사람은 많지 않을 것이다. 그럼에도 휴일에 운동하는 습관을 만드는 것은 상당히 가치 있는 일이다. 평일에 운동할 시간을 좀처럼 낼 수 없는 경우에는 휴일 낮이라도 꼭 가볍게 운동을 해 보는 것이 좋다.

굳이 숨이 찰 정도로 힘든 운동을 할 필요는 없다. 걷기나 테니스, 풋살 등 편하게 즐길 수 있는 운동이면 된다. 시간에 신경 쓸 필요도 없다. 적당히 땀을 흘린 뒤 오늘도 운동을 잘 마쳤다고 느낄 수 있는 정도면 충분하다.

단, 가능하면 낮에 운동해야 좋다. 햇볕을 쬐며 운동하는 것이다. 그 이유는 햇빛과 적절한 운동이 신경전달물질인 세로토닌의 분비를 촉진시키기 때문이다. 세로토닌은 마음의 균형을 잡고 안정감을 주는 신경전달물질이며 '행복 호르몬'이라는 이름으로 불리기도 한다. 세로토닌 분비가 적으면 불안감이 늘거나 숙면을 취할 수 없게 된다. 양질의 수면을 만들어 내는 것은 멜라토닌이라는 물질이다. 이 물질의 토대가 바로 세로토닌이며, 세로토닌 분비가 줄어들면 자연스럽게 멜라토닌도 줄어든다. 즉, 휴일 낮에 운동을 하면 운동 부족을 방지할 수 있을 뿐만 아니라 충분한 숙면을 취할 수도 있다.

현대 사회에는 수면을 방해하는 요소가 너무도 많다. 메시지 연락이나 새로운 뉴스, 인스타그램과 페이스북 등의 정보가 계속 들어오는 스마트폰, 밤늦게까지 이어지는 텔레비전 방송, 늦은 시간대에 야식 먹는 습관 등이 그것이다. 반면, 운동으로 수면의 질을 높이기만 해도 하루의 마무리에 있어 상당한 리프레시 효과를 기대할 수 있다. 쉬는 날이라고 집 안에서 보내는 것보다 적절한 운동을 해서 몸과 마음을 긍정적으로 작용시키도록 하자.

POINT

잠깐의 운동과 긍정적인 억측으로
큰 변화를 일궈 내자.

4

짧은 운동으로

확실한

자기효능감 얻기

●

휴일 오전. 집 안에서 스트레칭이나 근육 트레이닝을 20분 정도 해 보자. 이 짧은 시간 동안 하는 잠깐의 운동이 기분 좋은 휴일을 만들어 낸다. 스트레칭은 평소에 책상 업무가 많은 사람의 경우 특히 견갑골 주변을 쭉 펴 주면 좋다.

컴퓨터 작업이 많아지면 등과 어깨가 상당히 뻐근해진다. 그래서 마사지를 받으러 가는 경우가 있는데 '견갑골' 주변이 심하게 뭉쳤다는 말을 자주 듣는다. 견갑골 주위의 뭉친 근육을 풀어 주면 등과 어깨가 가벼워져서 조금만 더 참고 일하자는 마음이 생긴다. 그래서 집에서 스트레칭을 할 때도 견갑골 주변을 중점적으로 풀어 준다. 몸 전체를 생각하면 쭉 펴 주고 싶은 부분이 꽤 많지만 특히 견갑골 주변을 늘려 주면 시원한 감각이 어깨, 등, 팔로 광범위하게 퍼지므로 그 후의 의욕도 향상되기 쉽다.

집 안에서 근육 트레이닝을 할 경우에는 스쿼트와 팔굽혀펴기를 추천한다. 배가 나와서 신경 쓰이는 사람은 복근을 단련하는 것부터 시작하기 쉽다. 하지만 그렇게 해 버리면 쉽게 좌절할 수 있다. 복근은 육안으로 운동의 효과를 확인하기까지 걸리는 기간이 길기 때문에 좀처럼 성취감을 느끼기 힘들다. 결국 단련해도 소용없다는 생각에 그만두기 쉽다. 반면 다리와 팔 주변은 신체 중에서도 근육이 가장 잘 붙는 부위다. 다리 근육을 단련하는 스쿼트와 팔을 단련하는 팔굽혀펴기는 그 효과를 비교적 빠르게 확인할 수 있다. 결과를 즉시 알 수 있다는 것은 운동에 있어 커다란 동기부여로 작용된다.

캐나다 출신의 심리학자 앨버트 반두라(Albert Bandura)는 '자기효능감'에 대해 설명한다. 자기효능감은 어떤 과제에 대해 '그 과제를 달성하려면 특정 행동을 하면 된다'는 추측을 통해, '그 특정 행동을 취할 수 있는 나는 그 일을 할 수 있다'고 기대하는 상태를 말한다. 즉, 그 사람이 가진 역량 자체에 대한 것이 아니라 역량을 얼마나 잘 발휘할 수 있는가에 대한 스스로의 판단이다. '나는 할 수 있다는 기분이 강하다 → 목표 달성을 위한 행동을 시작하기 쉽다 → 행동이 지속된다 → 어려운 일이 있어도 견디고 극복하려고 한다 → 성과가 나타난다 → 다시 '나는 할 수 있다'는 마음이 향상된다'라는 선순환을 만드는 힘인 것이다.

자기효능감을 높이기 위해서는 ① 성공 체험, ② 대리 경험(타인의 성공 체험을 보고 듣기), ③ 언어적 설득(다른 사람의 격려),

④ 생리적 상태가 중요하다고 한다. 집에서 혼자 근육 트레이닝을 하는 경우를 예로 들어 생각해 보자. 트레이닝을 통해 좋은 결과를 낼 수 있다는 자기효능감을 높이려면 성공 체험을 유의미하게 쌓아 가는 것이 중요하다. 그것도 최대한 빨리 말이다. 때문에 다리와 팔부터 시작하는 운동은 자기효능감의 마일리지를 쉽게 쌓는 적절한 방법이다. 결과가 빠르게 나타나기에 바지를 입었을 때 느낌이 달라지는 것을 느끼거나, 팔의 외형적인 변화를 느끼기 쉽기 때문이다. 그렇게 눈에 보이는 '성과'는 실감으로 이어지고, 다음 성취로 연결되기 쉽다. 그런 적극적인 마음으로 보내는 휴일은 분명히 기분 좋은 날이 될 것이다.

POINT

스트레칭은 견갑골 주변으로.
운동은 자기효능감을 느낄 수 있게 전략적으로.

5

일상생활 속

새로운 자극과

자연 속 산책

●

인간은 기본적으로 싫증을 잘 내는 동물이다. 앞에서도 언급했듯이 싫증이 나는 것을 심리학에서는 심적 포화라고 한다. 심적 포화 상태가 지속되면 인간의 의욕은 떨어지게 된다.

심적 포화는 일, 운동, 공부 등 모든 분야를 포함해 생활 전반에서 반복적으로 일어난다. 날마다 회사와 집만 왕복하게 되면 활기가 사라져서 쉽게 의욕이 상실된다. 이 심적 포화 상태를 떨쳐내려면 새로운 자극이 필요하다.

휴일은 그러한 새로운 자극을 얻기에 적절하다. 지금까지 경험한 적이 없는 놀이나 운동에 도전해 보거나 여태껏 가 본 적 없는 장소 등을 찾아가 보는 것이다. 가능하면 스트레스를 줄이기 위해 산이나 바다, 강 등 자연을 마음껏 느낄 수 있는 장소에 가는 것을 추천한다.

인간은 스트레스를 느끼면 부신피질에서 분비되는 스트레스 호르몬의 일종인 '코르티솔'이 대량으로 분비되는데, 이는 면역력 저하 및 혈당치 상승 등을 일으킨다. 미국 미시간 대학교의 메리 캐럴 헌터(Mary Carol Hunter) 박사는 자연을 느낄 수 있는 환경에서 20분~30분 동안 시간을 보내는 것이 코르티솔을 감소시키는 가장 효과적인 방법이라고 주장했다.

색채 심리학에서는 색이 마음에 주는 영향을 연구했는데 녹색은 사람을 치유하고 파란색은 사람에게 안정을 준다고 한다. 예를 들어 미국 캘리포니아 대학교의 로버트 제라드(Robert Gerard) 교수는 색이 인체에 미치는 영향을 조사했다. 그는 피험자에게 빨간색, 파란색, 흰색 빛을 각각 비추고 그 색에 따라 몸에 어떤 변화가 일어나는지를 실험했다. 빨간빛을 비춘 경우에는 혈압이 올라가고 호흡 수, 심박 수, 맥박 수, 눈을 깜박이는 횟수가 증가했다. 반대로 파란빛을 비춘 경우에는 혈압이 내려가고 호흡 수, 심박 수, 맥박 수, 눈을 깜박이는 횟수가 감소한다는 결과가 나왔다. 그는 이런 변화가 근육 긴장도의 변화에서 비롯된다고 결론 내렸다. 그의 연구에서 보이듯 파란색은 안정감을 주는 색이다. 근육을 완화하고 호흡을 안정시키니 심장의 두근거림도 잦아드는 것이다.

신체적으로도 심리적으로도 자연은 스트레스 감소를 돕는다. 먼 곳으로 나갈 시간이 없는 경우에는 근처에 있는 공원이나 동물원 등에 가 보는 것만으로도 좋다. 처음 가 보는 곳이라면 새로운 자극이라는 점에서 심적 포화로부터 벗어날 수 있다. 그저 '새로운 자극'을 위해서라면 단순히 지금껏 한

번도 간 적이 없는 레스토랑에 가는 것도 나쁘지 않다. 단, 새로운 맛을 충분히 음미해 보자. 포르투갈 요리, 캄보디아 요리, 크로아티아 요리 등 어떤 맛인지 상상할 수 없는 생소한 음식들을 먹어 보는 것이다. 분명히 새롭고 즐거운 자극을 얻을 수 있을 것이다.

POINT

일상생활 속 새로운 자극과
자연 속 산책이 의욕을 북돋운다.

남을 위해
돈을 쓰면
행복해진다

●

최근에 누군가를 위해 돈을 써 본 적이 있는지 돌이켜 보자. 후배에게 술을 사 주거나 친구에게 선물을 하거나, 다양한 관계에서 소비가 일어날 수 있다. 물론 옷이나 구두, 가방, 시계 등 자신의 물건을 살 때도 기분이 좋아지지만, 여기에서는 남을 위해 돈을 썼을 때 행복도가 올라간다는 연구 결과를 소개하려 한다. 휴일에 돈을 쓰면서 의욕을 불태우는 방법이다.

미국 하버드 대학교 경영대학원의 마이클 노턴(Michael Norton) 교수와 캐나다 브리티시컬럼비아 대학교의 심리학자 엘리자베스 던(Elizabeth Dunn) 박사는 돈의 사용법과 행복도에 관한 공동 실험을 진행했다. 피험자 학생을 두 그룹으로 나눠서 한쪽에는 평소처럼 자신을 위해서 돈을 쓰게 하고 다른 한쪽에는 다른 사람을 위해서 돈을 쓰게 하여 각각의 행복도를 측정하는 실험이었다. 이 결과 자신을 위해서 돈을 쓴 그룹의 행복도는 내려가지 않고 일정한 상태를 유지했다. 한편, 다른 사람에게 돈을 쓴 그룹의 행복도는 상승하는 결과를 보여 주었다.

이타적인 돈의 사용법은 우리의 행복도를 높여 준다. 엘리자베스 던 박사는 물건을 사는 것보다 체험을 사야 인간은 더 많은 행복감을 얻을 수 있다는 결론을 추가로 도출했다. 옷이나 시계처럼 물건을 사는 것보다 여행이나 콘서트 등 체험을 위한 소비가 더 큰 행복을 느낄 수 있다는 것이다. 이는 남을 위한 소비의 가치를 말해 준다. 누군가와 함께 식사를 하거나 영화를 보면 먹은 음식이나 영화 내용보다 '함께 했다'는 체험이 더 크게 남기 마련이다. 홀로 즐긴 소비에 비해 보다 체험적인 경험이 남는 것이다. 이타적인 소비는 '돈의 소비'가 아니라 '체험의 구매'라는 점에서 행복도를 높이는 방법이 될 수 있다.

한 달에 한 번 정도 친구를 위해서 돈을 쓰는 날을 만들어 보는 것을 추천하고 싶다. 하지만 노골적으로 한턱 쏘겠다는 태도를 취하면 상대방이 꺼려할 수 있다. 인간에게는 '반보성의 법칙'이라는 심리가 있어서 다른 사람이 뭔가를 해 주면 되갚아야 한다는 심리가 작용하기에 오히려 상대방에게 부담을 줄 수 있다. 그런 의미에서 일방적으로 사겠다고 하는 것보다 함께 즐길 수 있는 일에 돈을 쓰는 것이 좋다. 혼자서는 가기 힘들었던 레스토랑에 가거나 라이브 콘서트나 미술전 등 서로에게 활동적일 수 있는 곳에 함께 가자고 불러 보는 것이다.

이때 상대방이 만족했음을 자신도 실감할 수 있는 것이 중요하다. 고맙고 기쁘다는 말을 직접 듣지 않더라도 상대방의 호의를 통해 자신의 이타적인 소비를 무의식 속에서라도 인지할 수 있으면 된다.

POINT

이따금 나보다 남을 위한 소비를.
물건보다는 체험을 위한 소비를.

7

그 옛날

그들의 근황 찾기

●

앞에서도 강조했지만, 새로운 자극은 의욕을 이끌어 낸다.

기업이 인사이동을 실시하는 배경에는 새로운 자극을 줘서 매너리즘에 빠지는 것을 방지하고 새로운 의욕을 이끌어 내려고 하는 의도가 숨어 있다. 인터넷이나 텔레비전에서 화제가 된 상품을 갖고 싶다고 생각하는 것도 새로운 자극이 의욕을 부추겼다고 할 수 있다. 즉, 일상생활의 의욕을 높이려면 새로운 자극을 잘 도입하는 것이 중요하다. 그렇다고 해도 무작정 주는 자극은 '독'이 될 수도 있기에 어떤 자극을 도입할 것인지 엄선해야 한다.

좋은 자극이 될 것 같다고 느꼈던 방법 중 하나는, 옛 친구와 만나서 이야기하는 것이다. 오랫동안 연락하지 못한 친구와 오랜만에 만나 서로의 근황을 보고해 보자. 그러면 의외의 에피소드를 알 수 있다. 똑같은 시간을 상대방과 자신이 전혀 다른 세계에서 살아왔거나, 반대로 실제로는 매우 가까운 세계에서 살았다는 사실을 알게 되는 등 놀라움을 느낄 수 있다. 또 그때까지 친구가 고생하거나 노력한 일, 그 친구를 만나지 못한 시간 동안 열심히 살아왔다는 사실을 아는 것은 매우 좋은 자극이 되어 준다.

얼마 전에 만난 초등학교 시절의 친구도 좋은 자극제가 되어 주었다. 20여 년 만이었는데, SNS를 통해 우연히 연락을 주고받아 함께 식사를 하는 자리가 마련되었다. 이야기를 들어 보니 그 친구는 대학교를 졸업한 후 어느 기업에 취직해서 근무한 지 10년이 넘어서 슬슬 자기 회사를 차리려고 생각한다고 했다. 그리고 독립하는 것에 대해서 조언을 듣고 싶다고 부탁했다. 그 친구에게 어떻게 조언하면 좋을까 생각하면서 사업을 시작했을 당시를 떠올렸다. 그러자 많은 의문들이 동시에 나열되었다. 무슨 생각을 했더라? 어떤 희망을 가졌고 어떤 예상을 했었지? 어떤 일에 불안을 느꼈었더라?

그것은 객관적으로 나를 돌아보는 기회가 되었다. 예전과 지금의 자신이 어떻게 변화했는지 알 수 있는 순간이었다. 모르는 사이에 좋은 의미에서 크게 달라졌음을 느꼈고, 스스로 성장한 부분에 대한 깨달음도 얻을 수 있었다. 더해 새로운 가능성과 희망도 보여서 뭔가 큰 전환점이 된 것처럼 느껴지기도 했다.

이런 체험을 할 수 있었던 것은 오랜만에 만난 친구가 던진 하나의 질문 덕이었다. 그것이 생각할 거리와 함께 신선한 깨달음을 주었다. 아마 그 친구도 같았을 것이다. 창업할 뜻을 말하고 조언을 구하는 과정에서 생각이 정리되거나 새로운 것을 발견했을 것이다.

앞에서도 언급했지만 자기효능감을 높이는 것은 의욕을 향상시킨다. 그 자기효능감을 높이는 방법 중 하나로써 자신 이외의 사람이 성공한 체험을 보고 듣는 '대리 경험'을 말한 바 있다. 오랜만에 만나는 친구가 자신과 똑같은 목표나 꿈을 이룬 사람이라면 이 대리 경험 효과도 기대할 수 있을 것이다.

POINT

오랜만에 만나는 친구와의 만남은
그 자체로 의욕이 되어 준다.

8

응원하는 팀의

경기를 관전하라

●

평일의 꺼림칙함이 휴일까지 이어진 적이 있을 것이다. 일하다가 실수를 하거나 직장 내 인간관계로 기분 나쁜 경험을 한 경우다.

그럴 때는 스포츠 경기를 추천한다. 응원하는 연고지 팀이 있다면 그 팀의 경기를 보며 한껏 더 효과적으로 기분을 풀 수 있을 거다. 자기 이외에도 똑같은 팀의 팬들이 모인 경기장이나, 텔레비전으로 관전할 수 있는 레스토랑 혹은 펍에 가는 것도 좋다. '거울 뉴런'을 통한 효과를 누리기 위해서다.

거울 뉴런은 타인의 동작을 보고 활동하는 뉴런이다. 다른 사람이 특정한 동작을 취할 때 그 동작을 보고 있는 자신 안에서 거울처럼 활동하는 것이다. 예를 들어 자신이 바나나를 먹으려고 손에 쥐었을 때 활동하는 거울 뉴런은, 타인이 바나나를 손에 쥐는 모습을 봤을 때에도 자신이 행동을 취하는 것처럼 동일하게 활동한다. 미국 캘리포니아 대학교 LA 캠퍼스의 마르코 야코보니(Marco Iacoboni) 교수는 이 거울 뉴런의 관점에서 '선수가 경기하는 모습을 보는 것은 자신이 경기하는 것과 똑같다'라고 했다. 선수가 공을 잡는 모습을 봤을 때 발화되는 뉴런은 실제로 자신이 공을 잡았을 때도 발화하는 모습을 보인다. 그래서 선수가 경기하는 모습을 보는 것만으로 자신도 경기하는 기분이 들 수 있다.

거울 뉴런은 단순히 타인의 신체적 감각뿐 아니라 타인의 일을 자기 일처럼 느끼는 공감에 있어서도 강하게 작용한다. 평소 축구에 딱히 흥미가 없는 사람이라도 대부분의 일본인은 일본팀을 응원하고 한국인은 한국팀을 응원한다. 수많은 나라, 수많은 지역 선수들이 있지만 자기 나라의 일원이라는 귀속의식이 있기 때문이다. 그리고 주위에 똑같은 팀을 응원하는 사람들이 많다면 그룹 의식도 활성화되어 뇌 속 거울뉴런을 한층 가속시키게 된다. 선수들을 응원하고 싶은 마음과 함께 말이다.

나는 휴일에는 종종 스포츠를 관전하러 간다. 나의 경우에는 거의 축구다. 응원하는 팀의 선수들이 열심히 뛰는 모습을 보면 그때 직면하고 있는 업무상의 과제를 다시 적극적으로 대할 수 있게 된다. 필사적으로 경기를 뛰는 선수들에게서 힘을 얻어 가는 것이다.

반드시 육체적인 활동을 봐야 할 필요는 없다. 좋아하는 가수의 콘서트를 보러 가거나 지역 축제에 참가하는 것도 똑같은 효과를 기대할 수 있다. 하나의 감정 아래에 모이는 사람들과 함께할 수 있다면 충분하다. 그곳에서 사람들과의 유대, 사회적인 관계를 느끼는 것만으로 마음은 안정될 수 있다. 이렇게 생각하면 풀이 죽거나 사소한 일로 고민하는 휴일에는 과감히 누군가를 불러서 밖으로 나가 빠르게 기분을 회복하도록 하자.

POINT

응원하는 팀의 경기를 관전하는 것만으로도
직접 뛰는 기분을 느낄 수 있다.

9

블루 먼데이를

피하기 위한

일요일 저녁 약속

●

일본에는 '사자에상 증후군'이라는 것이 있다. 일본의 국민 애니메이션인 사자에상은 일요일 저녁에 방송하는데, 이 방송이 끝날 무렵 회사나 학교에 가야한다는 생각에 우울해진다는 것이다. 쉽게 말해 월요병, 영어로는 블루 먼데이(Blue Monday) 증후군이다.

휴일 저녁에 한번쯤은 다음 날에 대한 우울감을 느껴 봤을 것이다. 그러나 그 감정적인 파도에 기대어 월요일마저 쉬어 버릴 수는 없다. 불타오르겠다는 의지는 스트레스와 부담만 가중시킬 뿐 유의미한 결과로 이어지기 힘들다. 그럼 이 우울한 기분을 최대한 억제하려면 어떻게 해야 할까?

그 방법 중 하나는 월요일에 '약간 기대되는 일정'을 만드는 것이다. 월요일 퇴근 후에 영화를 보기 위해 미리 티켓을 예매해 놓거나, 자신이 좋아하는 것을 배우러 갈 예정을 만들면 된다.

내 지인 중 한 명은 매주 월요일 저녁에 온라인으로 영어회화 수업을 듣는다고 한다. 하지만 온라인 강의도 횟수를 거듭하다 보면 질리는 경우가 있다. 그가 실천한 방법은 강의하는 선생님의 국적을 다양하게 선택하는 것이었다. 영어라고 하면 보통 미국, 영국, 캐나다, 호주 등 영어권 국가를 떠올리는데 그 외에도 필리핀, 세르비아, 보스니아헤르체고비나, 크로아티아, 헝가리, 그리스, 중국, 남아프리카, 이탈리아, 멕시코 등 수많은 나라의 강사들이 존재한다.

다국적 강사에게서 영어를 배운 지인의 말로는 영어 공부는 물론 다른 문화권에서 생활하는 강사와의 대화 자체가 즐겁다고 한다. 자신이 한 번도 방문한 적 없는 나라, 또 의식하지 않으면 정보를 얻기 힘든 나라의 강사에게서만 느낄 수 있는 호기심이 자극되는 것이다. 더불어 영어를 모국어로 쓰지 않는 강사는 영어 공부의 고충도 잘 알고 있다. 때문에 가르치는 학생과 공감대를 형성하는 경우가 많다. 모두가 그렇지는 않겠지만 원어민 강사 중에는 영어 회화 수업을 일로써 뚜렷하게 구분하는 강사가 많지만, 원어민이 아닌 강사 중에는 본인 또한 영어로 하는 대화를 즐기는 사람이 많은 듯하다. 그들의 수업 역량과는 별개로 말이다.

일요일 저녁에 '좋은 경쟁 상대'라고 할 수 있는 친구와 식사를 하는 방법도 추천한다. 블루 먼데이 현상이 일어나는 가장 큰 원인은 일요일과 월요일을 지내는 방법의 차이가 크기 때문이라고 한다. 일요일에 내내 축 처져 있으면 다음 날 쌓인 업무가 기다리는 월요일과의 차이 때문에 몸과 마음에 타격을 입게 되는 것이다. 그래서 일부러 일요일에 예정을 넣는다. 열심히 하는 친구, 자신의 적절한 경쟁 상대라고 할 수 있는 친구와 식사하며 그 친구로부터 자극을 얻는 것이다. 친구가 열심히 한다는 것을 알면 그것만으로 의욕이 촉발될 수 있다. 질 수 없다는 적극적인 마음을 그대로 유지하면서 월요일에 돌입하는 것이다.

토요일 저녁에는 술자리나 식사 모임을 갖는 사람이 많다. 그러면 아무리 의욕이 높아져도 다음 날 일요일에 휴식을 취하면서 초기화되고 만다. 여유로운 휴일이 끼어 있으면 열심히 하겠다는 기세가 뚝 떨어지기 마련이다. 그러므로 의도적으로 일요일 저녁에 일정을 넣어 보자.

POINT

기대되는 일정은 월요일에,
자극이 되는 만남은 일요일에 잡아 보자.

10

위대한 사람의

삶을 여행하는

특별한 즐거움, 독서

●

내 인생은 책으로 달라졌다.

진부한 말이겠지만 절대로 과장이 아니라고 단언할 수 있다. 진정한 의미에서 책을 접한 것은 고등학생 때였다. 정학 처분을 받은 뒤였는데, 당시에는 스마트폰이 없어서 기본적으로 학교에 가지 않으면 친구들과 연락이 뚝 끊기고는 했다. 등교를 금지당했었기에 마치 다른 세계와의 연결이 차단된 것처럼 느껴졌고, 그러다 보니 뭔가를 바꾸지 않으면 이대로 끝난다고 생각하게 되었다.

왜 그랬는지 모르겠지만 책을 읽어 보고 싶었다. 정학 상태에서는 부모님과 함께여야만 외출이 가능했기에 부모님께 부탁해서 서점에 데려가 달라고 했다. 이때 부모님께서 사 주신 책은 경영자들의 책이었다. 세계에 이름을 떨친 경영자들은 순조롭지 않은 출발에도 온갖 역경을 딛고 성공한 사람들이었다.

그렇다면 나도 달라질 수 있지 않을까 하는 생각이 들었다. 가치관과 사고방식을 바꾸고 행동하면 달라질 수 있고 길이

열린다는 것을 알게 되었다. 정확히는 '느끼게' 되었다. 더 정확히는 '이런 삶도 있으면 저런 삶도 있다'라는 많은 선택지들을, 책은 느끼게 해 주었다. 그중 특히 마쓰시타 고노스케의 『길을 열다』는 케임브리지에 유학하던 시절에 늘 백팩에 넣고 다니며 기회가 있을 때마다 다시 읽고는 했었다.

지금도 책이 선택지를 준다는 점은 변함이 없다. 자신의 경험 밖의 체험담과 성공담은 내가 아직 실천하지 않은 많은 것들에 대해 깨달음을 준다. 그 말은 자신의 내면에 선택지가 늘어난다는 뜻이다. 그리고 똑같이 하면, 혹은 그들의 방법을 자신에 맞게 해석하면 성공할 수 있을 거라는 의욕을 만들어 준다. 또 늘어난 선택지만큼 행동할 기회도 늘고 그것이 반복되면 상황은 반드시 달라진다.

비즈니스 서적이나 자기계발서는 이런 좋은 자극을 더 많이 준다. 휴일에 긴장을 풀고 즐기고 싶다면 소설을 읽거나 영화를 보는 것도 좋지만 의욕을 향상시키고 싶다면 비즈니스 서적이나 자기계발서를 정독하는 것을 추천한다. 물론 휴일에 그런 류의 책을 읽는 것은 일하는 느낌을 줘서 마음이 영 내키지 않을 수도 있다. 그런 경우에는 독서감상문이나 서평을 올린 사람과 SNS상으로 관계를 맺어 놓으면 좋다. 어떤 책이 좋고, 그 책의 어느 점이 인상 깊었는지 등의 정보가 자신의 핸드폰에 저절로 뜨게 해 놓는 것이다. 자신이 평소에 읽지 않는 장르의 책, 자신의 힘만으로는 찾을 수 없었던 책의 서평을 보면 읽어 봐야겠다는 마음이 들고는 한다.

또한 서점에 슬쩍 들러서 실물 책을 보는 것도 좋다. 그리고 조금이라도 궁금한 책이 생기면 즉시 구입해 보는 것이다. 온라인 서점도 편리하지만 그 물성을 손으로 느낄 수는 없다. 또 주문한 책이 도착할 때까지는 시간이 걸린다. 책은 '읽고 싶은' 마음이 생겼을 때 즉시 읽어 주는 것이 좋다. 시간이 걸리면 점점 의욕이 사라질 테니까.

POINT

특히 경제경영서나 자기계발서는 삶에 새로운 선택지와 의욕을 동시에 준다.

11

긴장 완화와

의욕을 위한

호흡하기

●

호흡을 조절하는 것은 가장 쉽게 할 수 있는 긴장 완화법이다. 시간과 장소를 고르지 않아도 된다. 호흡에 의식을 기울여서 숨을 천천히 내쉬고 다시 들이마시는 것으로 충분하다. 불안이나 긴장 상태에 있을 때 인간의 호흡은 얕아지고 근육이 굳어지며 혈압과 맥박이 올라간다. 한편 안심해서 긴장이 풀릴 때는 호흡이 깊고 근육은 느슨해지며 혈압과 맥박도 안정적이게 된다. 혈압과 맥박은 스스로 조절할 수 없지만 호흡은 가능하다. 즉, 호흡을 조절하는 것은 몸을 조절하는 것과 같다고 볼 수 있다.

물론 명상도 좋다. 지금 '이 순간'에 집중해서 현재 일어나는 일에 옳고 그름을 평가하거나 감정적인 반응을 하지 않는 마인드풀니스(mindfulness) 상태로 들어가는 것이다. 명상과 호흡에 집중하는 건 대중적으로 알려져 있지만 실제로 취해 보는 사람은 그리 많지 않다. 짧은 시간이라도 괜찮다. '호흡에 의식을 기울이는' 행위는 분명히 마음에 긍정적으로 작용하게 될 것이다.

일단 숨을 제대로 내쉬는 것에서 시작한다. 5초 정도 천천히 배로 숨을 내쉬는 느낌을 갖는다. 이때 숨을 내쉬는 것에만 의식을 집중시키는 것이 중요하다. 머릿속으로 '1, 2, 3, 4, 5'라고 천천히 숫자를 세면서 하면 좋다. 숨을 다 내쉬면 다시 들이마신다. 이 과정을 여러 번 반복하면 된다. 쓸데없는 생각을 전혀 하지 않고 머릿속을 텅 비우면 리프레시 효과가 훨씬 높아진다. 당연하지만 갑자기 무심해지기란 매우 어렵다. 그럴 때 숨을 천천히 내쉬고 들이마시는 것에만 의식을 집중해 보자. 몇 분이라도 좋다. 호흡에만 의식을 기울여 보면 쓸데없는 생각이 떠오르지 않을 것이다.

의식을 집중시킨다는 의미에서 방 청소도 기분을 전환시키는 데 도움이 된다. 청소를 해야 한다는 의무감을 생각하면 귀찮게 느껴질 수 있지만 명상을 대신하는 기분으로 청소기를 돌리고 걸레질을 하며 창문을 닦아 보는 것이다. 청소할 때는 눈앞에 보이는 바닥이나 창문을 깨끗이 하는 것에만 집중하게 된다. 이렇게 하면 스트레스의 원인이 되는 쓸데없는 생각이 날아가 버린다.

방 청소의 좋은 점은 비교적 결과가 즉시 나오고 또 짧은 시간이라도 바로 체감할 수 있다는 점이다. 청소기를 돌려 미세한 먼지를 빨아들이면 말끔한 바닥이 보이거나, 창문을 닦으면 너머의 경치가 뚜렷해지면서 빛이 들어오는 모습도 확실히 달라진다. 행동에 대한 성과가 명확하게 드러나면서 마음에도 긍정적으로 작용할 것이다. 그러한 소소한 성공 체험은 청소에 대한 자기효능감을 높이고 다음 의욕을 만들 때도 도움이 된다.

POINT

마음도 정돈된다.
머릿속을 텅 비우고 리프레시해 보자.

입버릇은
힘이 세다

●

'아, 피곤해.', '할 일이 너무 많아서 미치겠어.', '그만두고 싶어.' 등 살다 보면 자신도 모르게 이런 부정적인 말을 내뱉곤 한다. 미치도록 바빴던 평일이 끝나고 돌아온 휴일에 그런 한탄을 입에 담는 것은 무리가 아니다. 하지만 우리는 무의식적으로 말의 영향을 받고 있으니 주의해야 한다.

심리학자 리처드 와이즈먼(Richard Wiseman) 교수는 다음과 같은 실험에서 말이 인간에게 주는 영향을 조사했다. 먼저 단어가 적힌 카드 여러 장을 피험자에게 건네주었다. 그리고 그 단어 카드를 다시 배열해서 올바른 문장을 만들고 또 그것을 빨리 정확하게 하도록 지시했다. 이 실험은 두 번 실시했는데, 첫 번째 실험에서는 '젊다', '재빠르다' 등의 단어 카드를 준비했고, 두 번째 실험에서는 '나이 들었다', '느리다' 등의 단어 카드를 준비했다. 또 첫 번째 실험 후와 두 번째 실험 후 각 피험자가 걷는 속도를 측정했다. 그 결과 피험자가 걷는 속도는 첫 번째 실험의 피험자가 더 신속했다고 한다. 또 다른 실험에서는 피험자에게 단어 카드를 다 배열한 후에 종료 신호를 알리는 벨을 울리도록 지시했다. 그 결과 '짜증나다', '성급하다' 등의 단어 카드를 사용한 경우에 피험자가 벨을 가장 많이 울렸다는 사실을 알 수 있었다.

말과 언어는 그만큼 힘을 지니고 있다. 주위 사람에게서 "당신은 언제나 시간을 정확히 지키는군요."라는 말을 자주 듣는 사람은 정말로 시간에 정확해져서 약속 시간이나 마감 시간을 지키게 된다. 한편 "당신은 늘 지각하는군요. 시간관념이 허술해요."라는 말을 듣는 사람은 약속 시간에 늦기 쉽다. 이렇게 사람이 상대방의 기대에 부응하는 행동을 하는 것을 '피그말리온 효과'라고 한다.

무의식적인 말의 영향은 자신이 스스로에게 한 말이라도 마찬가지다. 긍정적인 말은 그대로 받아들이면 된다. 직접 말로 내뱉어도 되고 속으로 생각만 해도 된다. 그것이 다음 일을 할 수 있게 해주는 에너지와 힘이 될 것이다. 부정적인 말의 경우에는 '하지만'을 덧붙여 보자. 이것이 습관화되면 매사에 부정적으로만 보던 관점이 긍정적으로 변할 수 있다. 개인적으로도 '이 일은 별로 마음이 안 내켜'라고 생각할 때가 종종 있다. 그럴 때도 동일한 원칙을 고수한다. '이 일은 별로 마음이 안 내켜. 하지만 내가 언젠가는 해야 하는 일이고, 도움이 될 거야. 무엇보다 지금 해 버려야 이따가 편히 쉴 수 있어'라고 생각을 바꿔 보자. 편한 답이 없다면 도전할 수 있는 답을 만들면 된다. 그 답에서 시작되는 강렬한 의욕이 결과를 바꿔 줄 것이다.

POINT

긍정적인 말투가 의욕을 북돋는다.
부정적인 말 뒤에는 '하지만'을 덧붙이자.

끝마치며

의욕이

인생을

바꾼다

●

이 책을 끝까지 읽어 주셔서 대단히 감사합니다.

　마지막으로 제가 이 책을 쓰게 된 이유에 대해서 이야기하고자 합니다.

　이미 앞에서 몇 번이나 말했지만 저는 영국 케임브리지 대학교 대학원을 졸업했습니다. 입학시험에 합격하기 위해서 공부할 때, 또 입학 후 수업의 예습, 복습, 석사 논문을 쓸 때 이 책에서 소개한 의욕을 끌어올리는 방법을 활용했습니다.

　그런데 외국에 있는 대학원에 진학할 때는 사실 '퍼스널 스테이트먼트(personal statement)'라고 하는 자기소개서가 가장 중요합니다. 어학을 포함한 학력도 확실히 중요한 평가 대상이지만, 그보다 대학 측은 퍼스널 스테이트먼트라는 자기 PR 부분을 한층 더 중시합니다. 저는 대학에 퍼스널 스테이트먼트를 제출했을 때 다음과 같은 자기 소개서를 작성했습니다.

　"예전에 나는 하는 일마다 잘 풀리지 않아서 아무런 희망이 없었다. 그런 내가 달라졌다. 그리고 지금 나는 예전의 나처럼 절망하는 사람들에게 이 세상을 살아가기 위한 에너지를 전해 주고 싶다. 그것은 이 세상이 지금보다 더 좋은 세상이 되기 위해서 반드시 필요하다. 내가 똑같은 경험을 했기 때문에 할 수 있는 일이라고 생각한다. 살아가는 활력을 잃고 때로는 스스로 목숨을 끊는 사람을 줄이기 위해서라도 자신의 세상을 넓혀서 전 세계에는 다양한 가치관과 삶이 존재한다는 사실을 알려 주고 희망을 전하는 활동을 하고 싶다."

대학원을 졸업한 지 십여 년이 지났지만 이때 글에 담았던 마음은 지금도 변함없습니다.

저는 현재 글로벌 리더 육성, 해외 유학 지원, 스포츠 사업 등 각종 사업을 다루고 있는데 '사람이나 조직 등 모든 것이 내포한 가치와 가능성을 찾도록 돕고 싶다. 또 그 가치를 더 크게 만들고 싶다'라는 생각이 모든 사업의 근본에 자리하고 있습니다. 사람이나 조직을 포함한 모든 것은 반드시 고유의 가치와 가능성을 갖고 있지만, 그 사실을 깨닫지 못하는 경우가 많습니다. 그런 가치를 찾아서 크게 만들고 싶습니다. 결국 제가 현재 하고 있는 사업은 기본적으로 전부 자기 PR에서 말한 생각을 실현시키기 위한 일입니다. 이 책을 쓴 것도 똑같은 마음에서 비롯되었습니다.

뭐든지 실패하는 고등학생이던 때와 달라진 것은 이 책에서 소개했듯 의욕을 향상시키는 '구조'를 제 것으로 만든 후부터

였습니다. 그것은 남보다 의지가 매우 약한 제가 '어떻게 하면 꾸준히 공부할 수 있을까?', '어떻게 해야 좋은 결과를 낼 수 있을까?' 하고 끊임없이 생각한 끝에 만들어 낸 하나의 구조였습니다. 이 구조로 움직여서 저는 대학교에도 진학하고 해외로 유학도 다녀올 수 있었습니다. 또 이 과정에서 저는 저만의 새로운 가치와 가능성을 깨달았습니다.

그래서 이번에는 이 '구조'를 소개해서 달라지고 싶거나 어떻게든 하고 싶다고 생각하는 분들께 도움을 드리고 싶었습니다. '구조'만 이해하면 의욕이 생기고 그 의욕을 계속 유지할 수 있습니다. 그 의욕을 활용해서 일, 공부, 취미, 또는 목표 달성을 위한 일을 꾸준히 하거나 그렇게 해서 지금과는 다른 세계로 한 발 내딛을 수 있다면, 그 끝에서는 반드시 자신의 새로운 가치와 가능성을 발견할 수 있을 것입니다. 그것은 분명히 당신이 이 세상을 살아가기 위한 커다란 희망이 되리라 믿습니다.

누구에게나 아직까지 발굴되지 않은 가치와 가능성이 존재합니다. 이 책의 '의욕 향상법'을 활용하여 가치와 가능성을 발견할 수 있다면 저자로서 이보다 더 큰 기쁨은 없을 것입니다.

쓰카모토 료

의욕이 뿜뿜 솟는 50가지 방법

ⓒ 쓰카모토 료, 2021

초판 1쇄 인쇄일 2021년 3월 25일
초판 1쇄 발행일 2021년 4월 2일

지은이   쓰카모토 료
옮긴이   박재영
펴낸이   강병철
주간   배주영
기획편집   손창민 박진희 권도민 이현지
디자인   서은영 김혜원
마케팅   이재욱 최금순 오세미 김하은 김경록 천옥현 김단비 봉우리
제작   홍동근

펴낸곳   이지북
출판등록   1997년 11월 15일 제105-09-06199호
주소   (04047) 서울시 마포구 양화로6길 49
전화   편집부 (02)324-2347, 경영지원부 (02)325-6047
팩스   편집부 (02)324-2348, 경영지원부 (02)2648-1311
이메일   ezbook@jamobook.com

ISBN 978-89-5707-894-5 (13190)